色と紙が織りなすペーパーアート

濱直史の立体切り絵

濱直史

はじめに

「立体切り絵」という言葉をはじめて聞く方も多いのではないかと思います。
切り絵した紙を、折ったり重ねたり、簡単に組み立てたりして、立体的な作品に仕上げたものをこのように呼んでいます。

切り絵自体もとても楽しく美しいものですが、それを立体にしてみるとまた特別な存在感が生まれます。
繊細な切り絵の向こうが見えるという、奥行きを感じさせる透け感、紙を折り合わせることで、違う柄と柄が重なる様子は、平面の切り絵にはない、立体切り絵ならではの魅力だといえるでしょう。

この本では、その立体切り絵をはじめてでも楽しんでいただけるように、主に２つのテーマの作品を紹介しています。
「伝承折り紙をモチーフにした作品」と「花をモチーフにした作品」です。
前者では、鶴をはじめとして風車や朝顔など、伝承折り紙で多くの方が親しんできた形に仕上げました。切り絵をしているため、折り方は伝承折り紙のものと異なりますが、仕上げていただくと、親しんだ折り紙に切り絵が入り、特別な作品になることと思います。
後者では、数枚の花びらを切り絵で作成し、それを茎に見立てた紙に通したり、重ねたりして立体に仕上げました。

本の最後に図案入りの用紙がついていますので、ぜひ気軽に「立体切り絵」を楽しんでいただけたらと思います。

仕上がった作品は、お家に飾っていただいたり、贈り物やカードとともにプレゼントしていただいたり、皆さまの暮らしに彩りを添えるものになれば幸いです。

目次

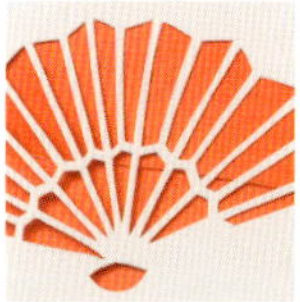

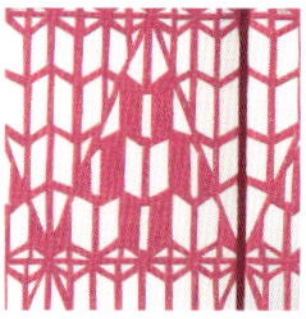

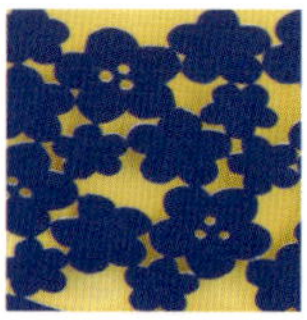

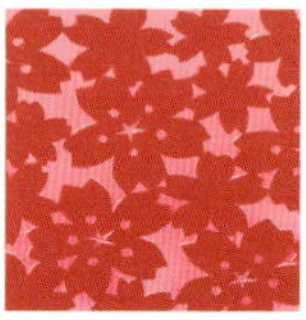

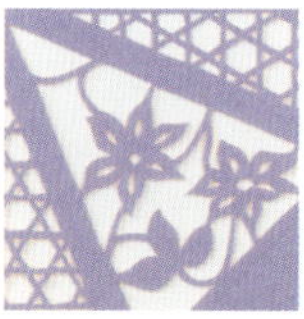

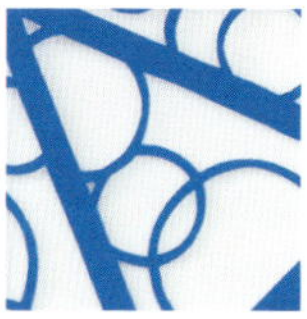

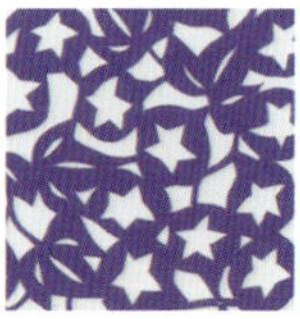

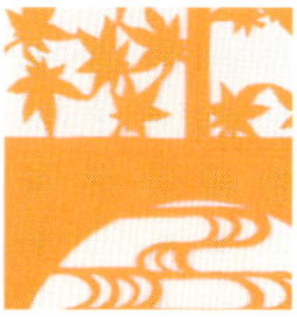

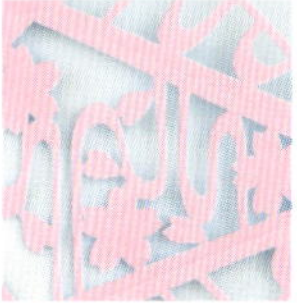

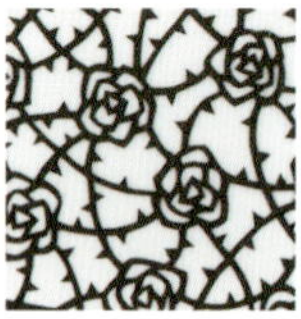

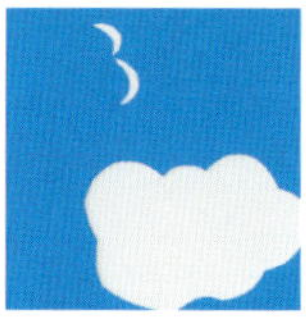

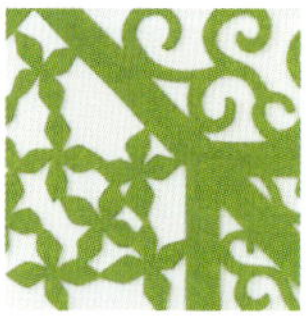

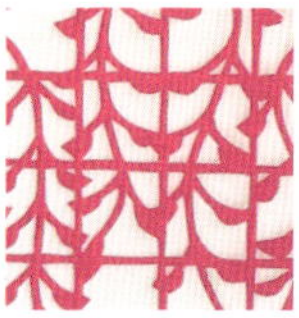

この本の楽しみ方

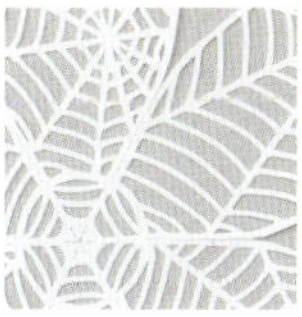

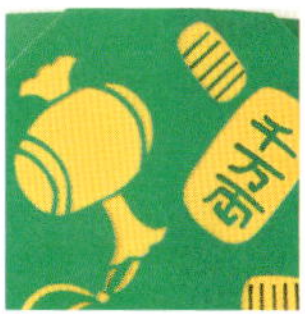

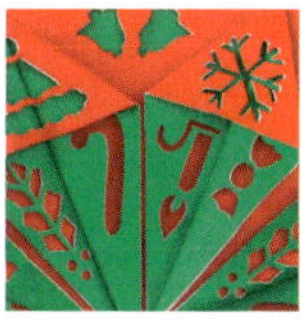

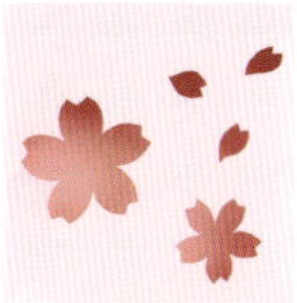

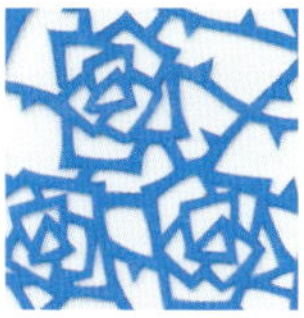

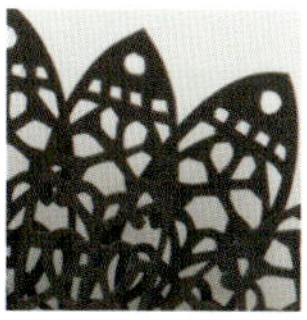

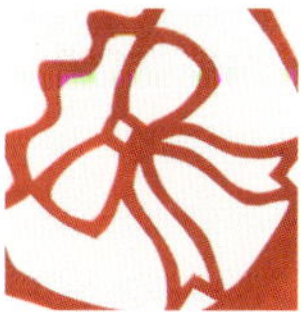

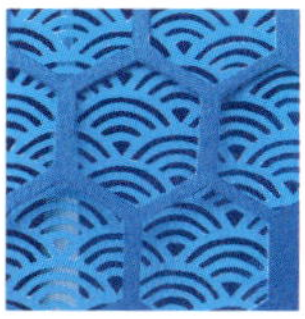

バラ模様 × 鶴 折り方 » p39

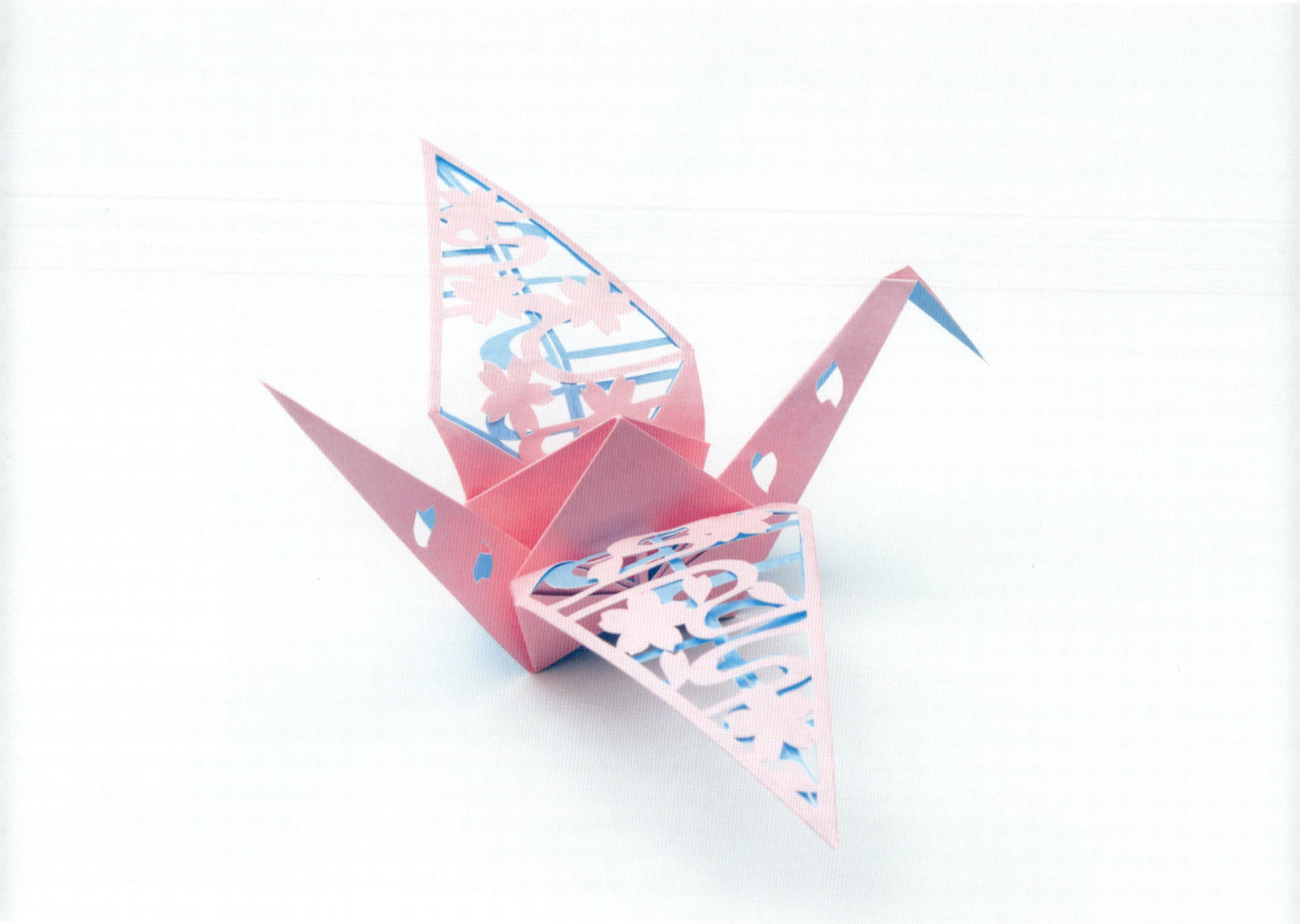

流水に桜模様 × 鶴 折り方 » p38

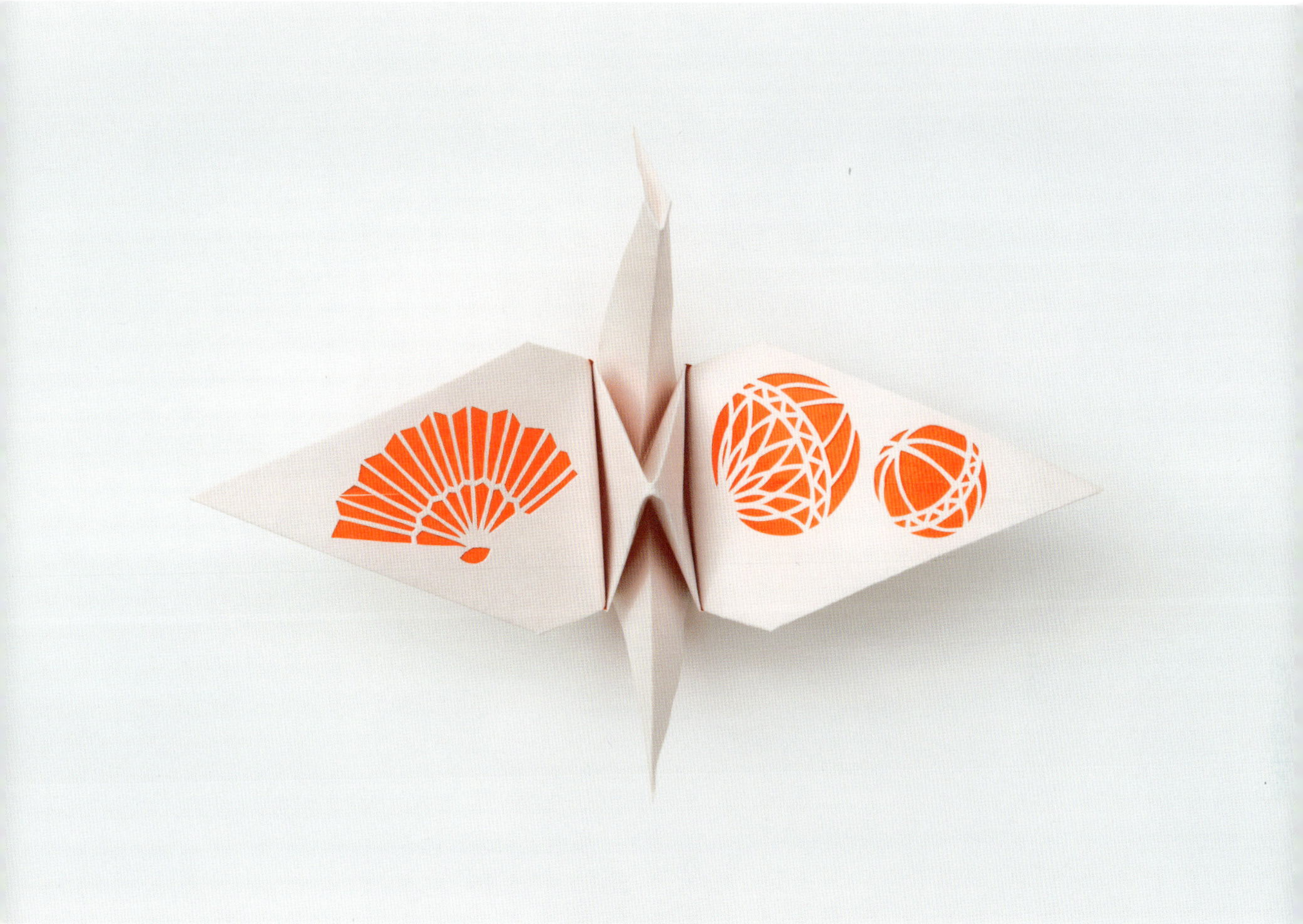

手毬と扇模様 × 鶴 折り方 » p38

朝顔模様 × 朝顔 折り方 » p40

＊付属の用紙は中央の紫色です。

＊付属の用紙は中央の赤・オレンジ色です。

流水に紅葉模様 × 風車

折り方 » p40

七宝模様 × あひる 折り方 » p39

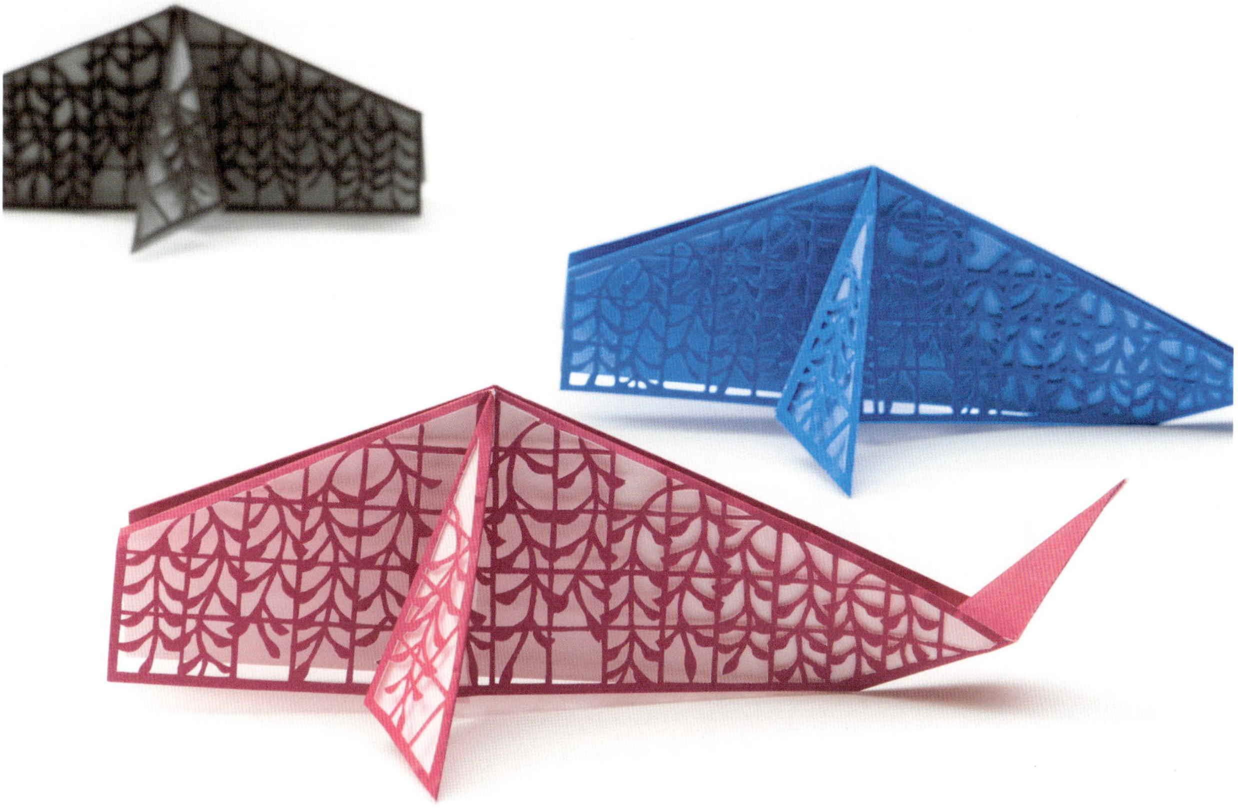

＊付属の用紙は紫色です。

格子に藤模様 × こいのぼり

折り方 » p41

梅模様 × おだいりさま 折り方 » p41

桜模様 × おひなさま 折り方 » p42

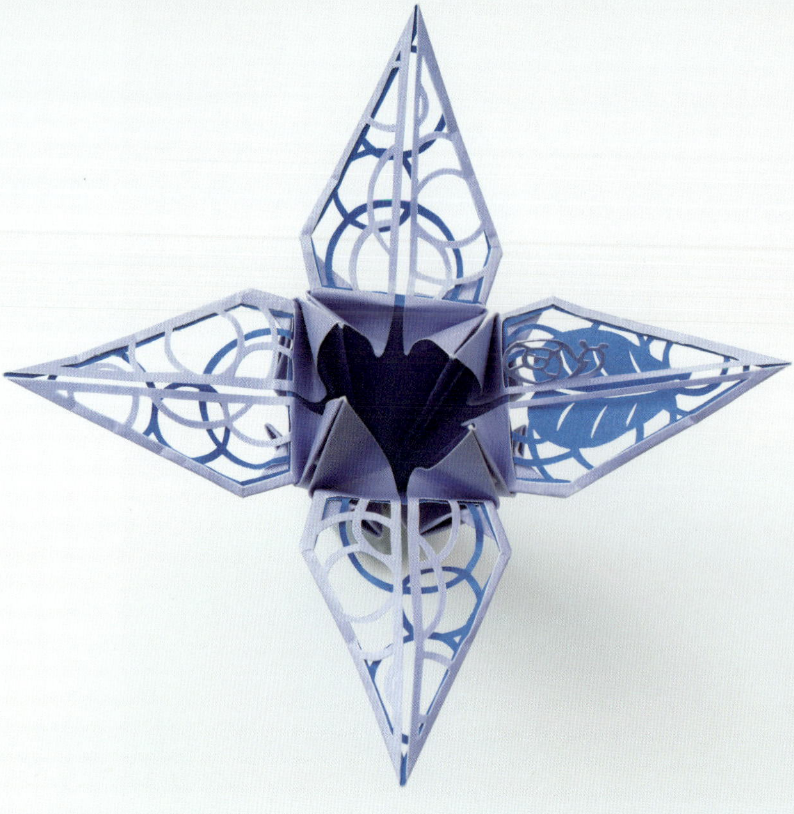

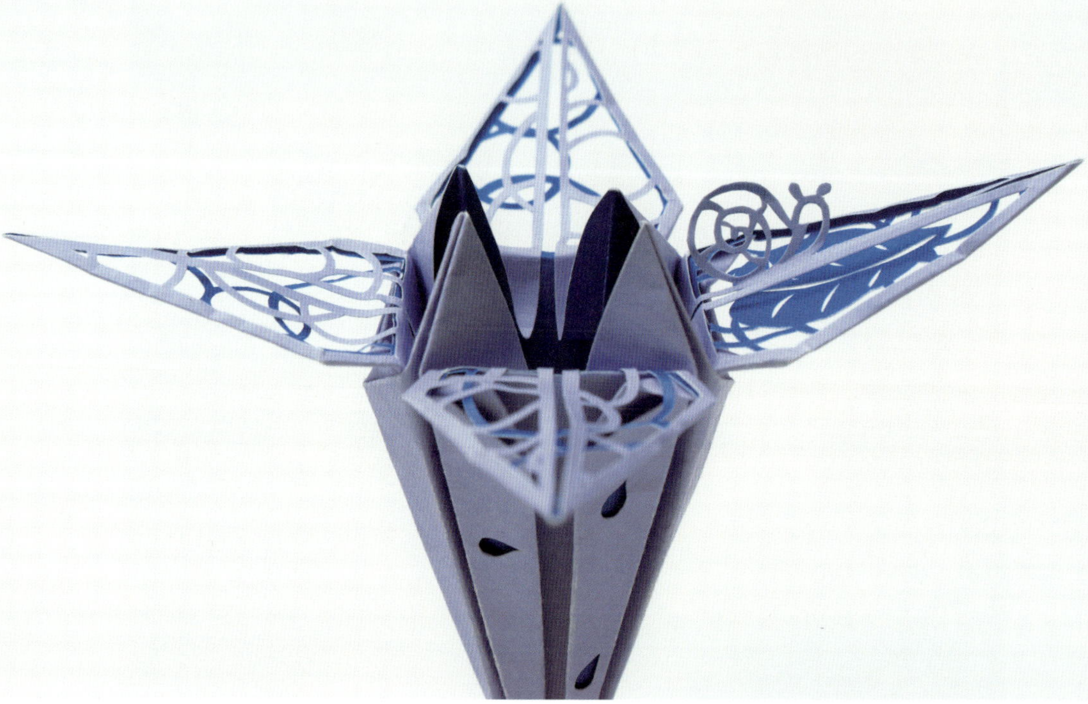

水の波紋とかたつむり × あやめ 折り方 » p42

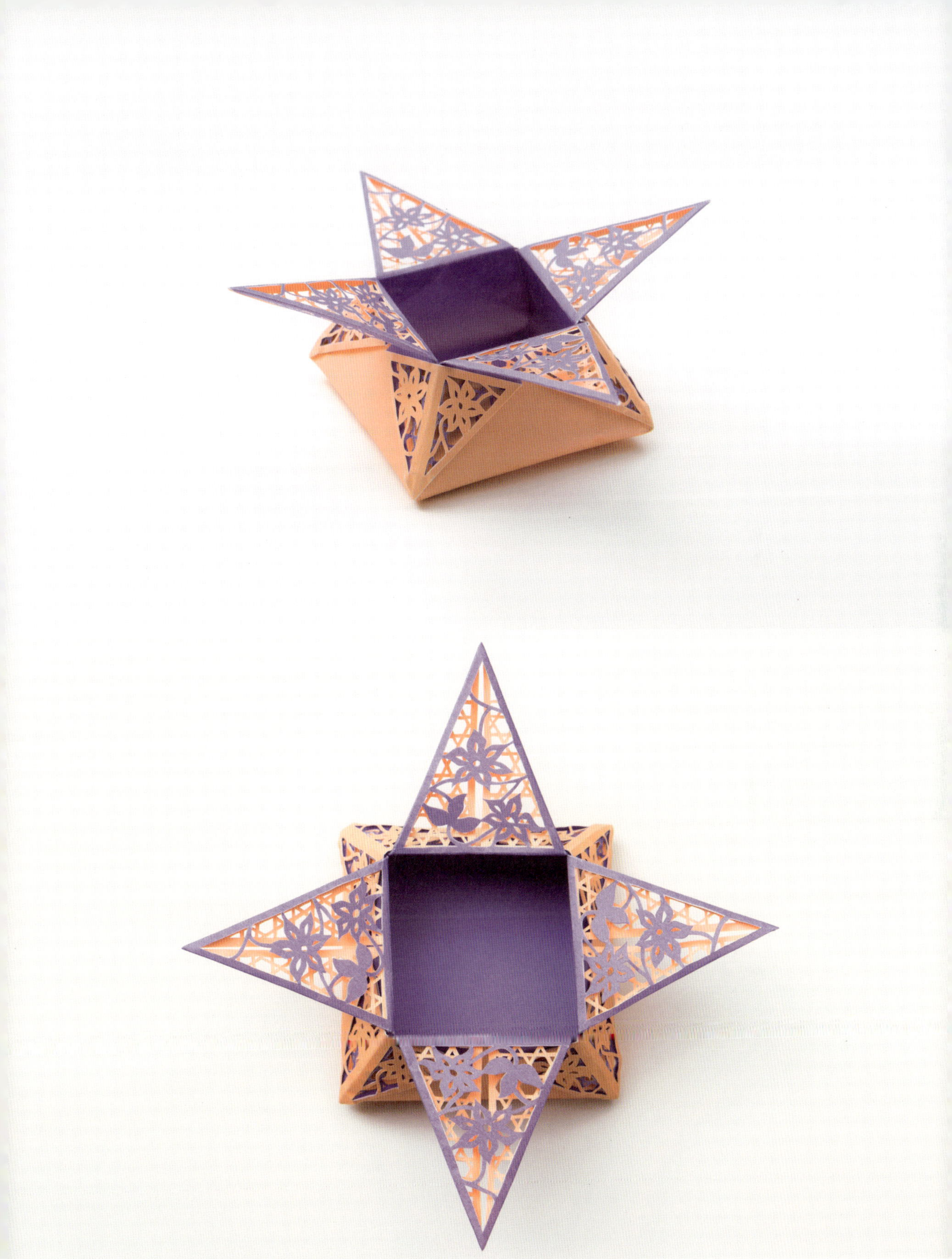

籠目に鉄線模様 × つのこう箱　折り方 » p43

唐草に花模様 × 足つき三方　折り方 » p43

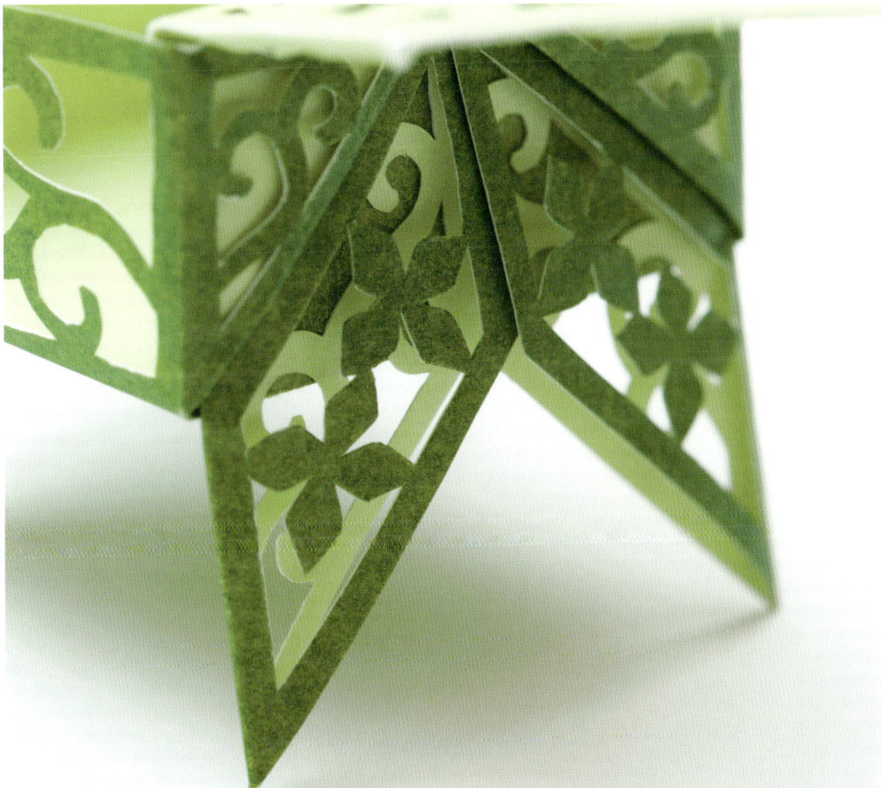

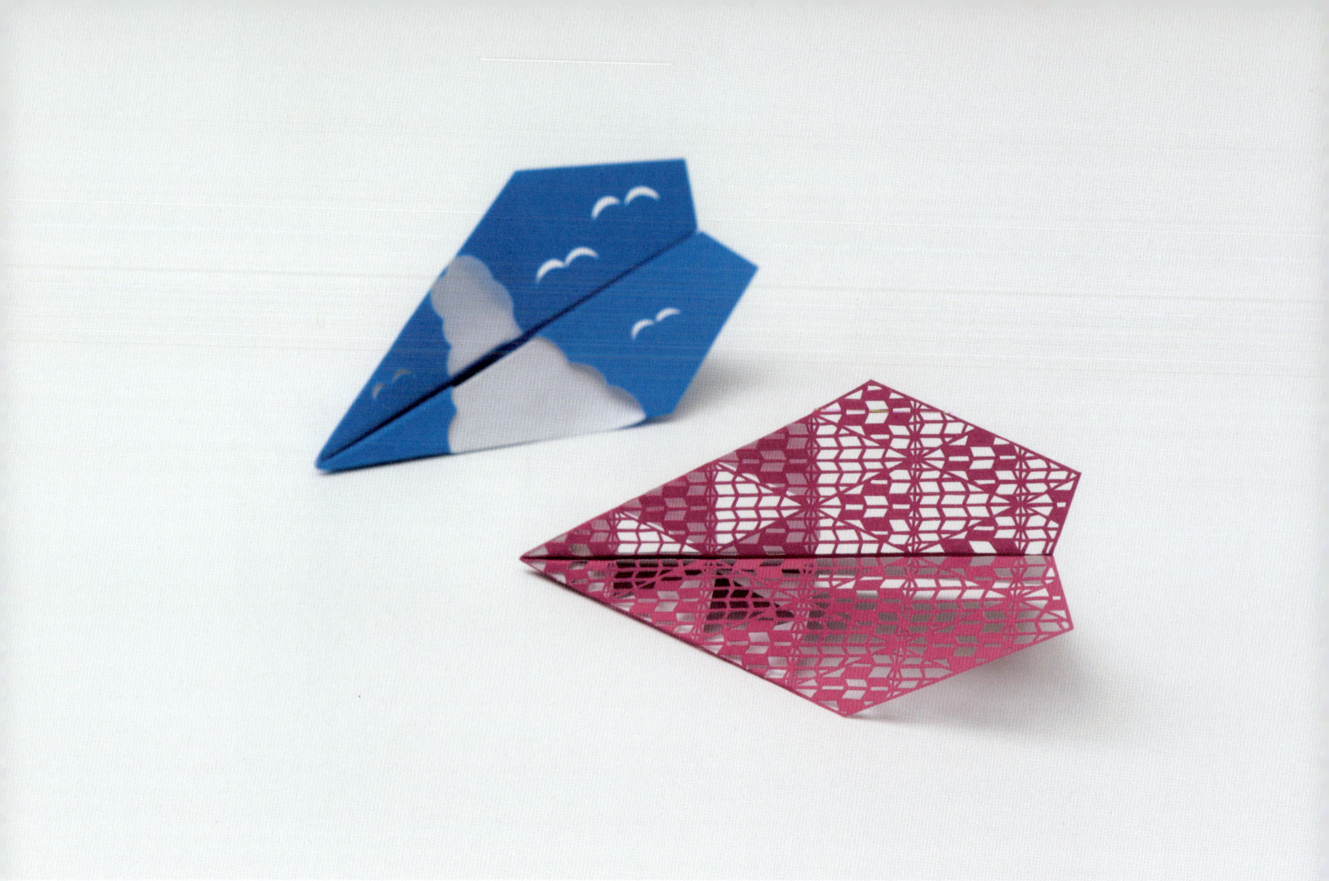

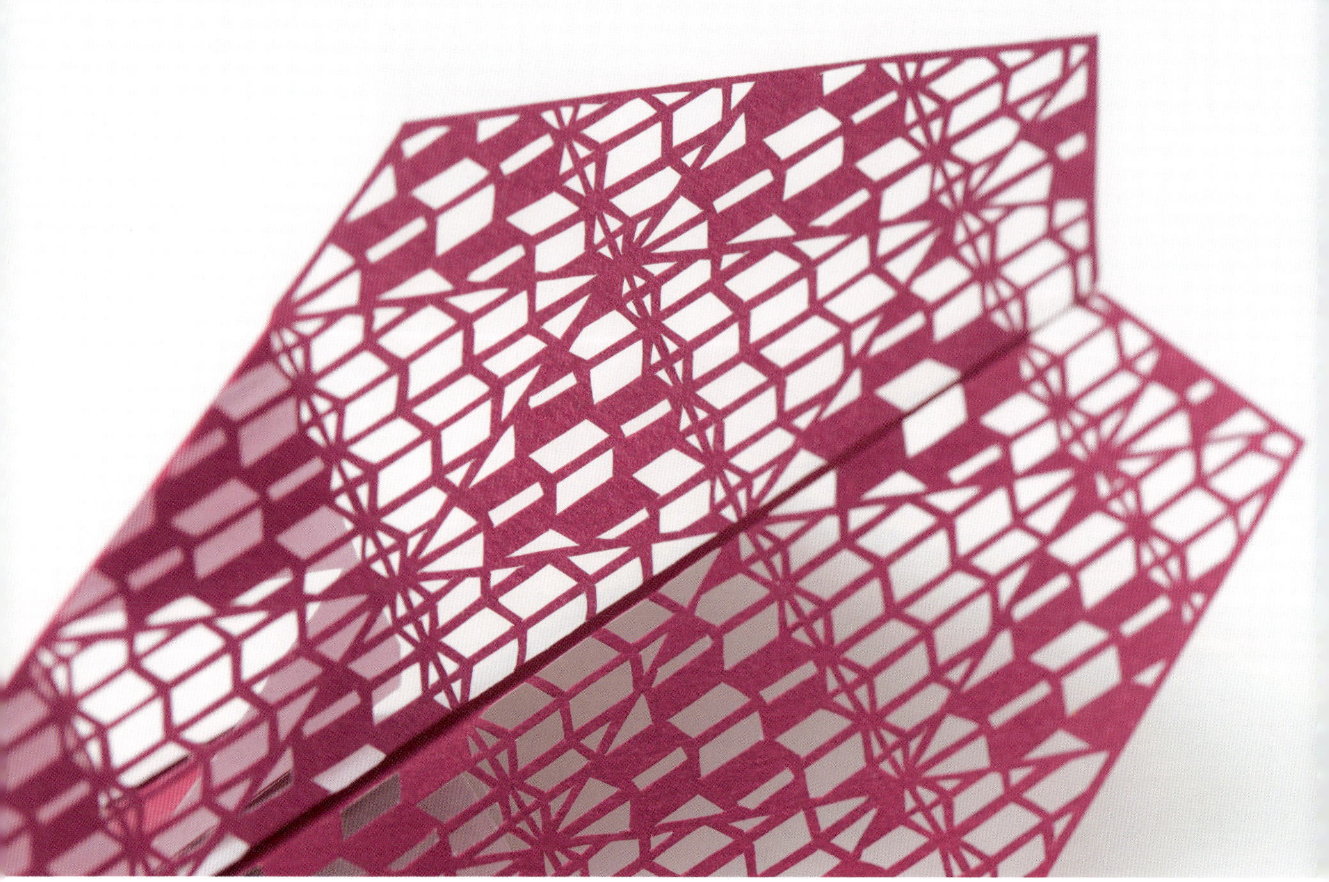

かもめと入道雲模様×飛行機、矢羽根模様と鱗紋×飛行機

折り方 » p44

小槌と小判模様 × かめ、亀甲と青海波模様 × かめ 折り方 » p44

＊付属の用紙はピンク色です。

桜模様 × 風船

折り方 » p45

クリスマス模様 × はなもよう 折り方 » p46

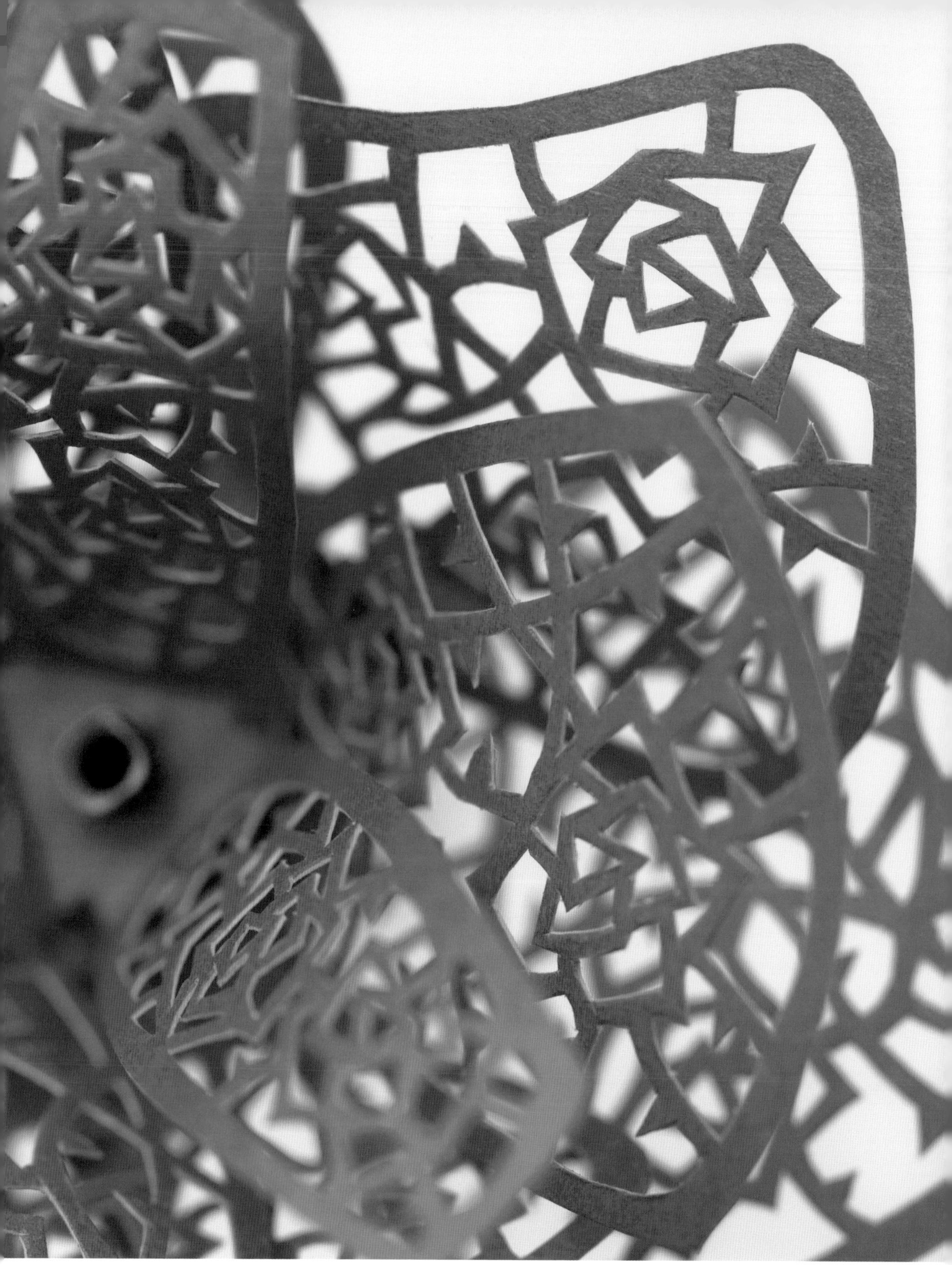

バラ模様 × バラ 組み立て方 » p37

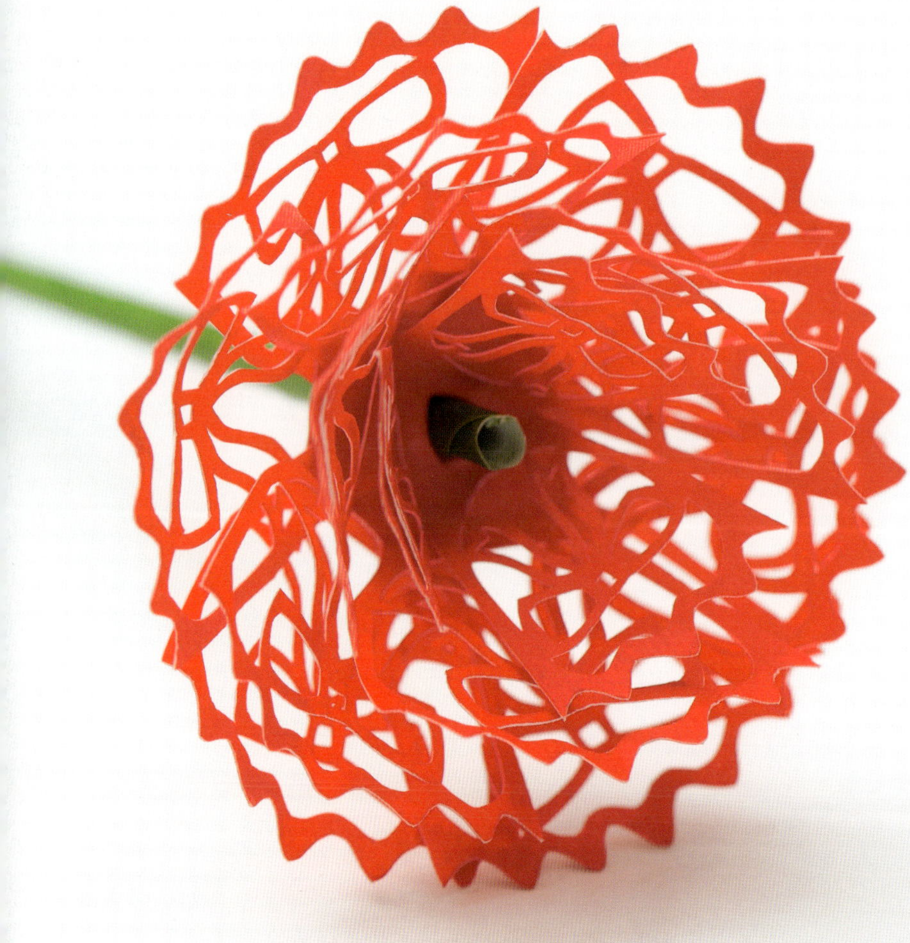

リボン模様 × カーネーション 組み立て方 » p46

蜘蛛の巣模様 × すずらん 組み立て方 » p46

レース模様 × ガーベラ 組み立て方 » p47

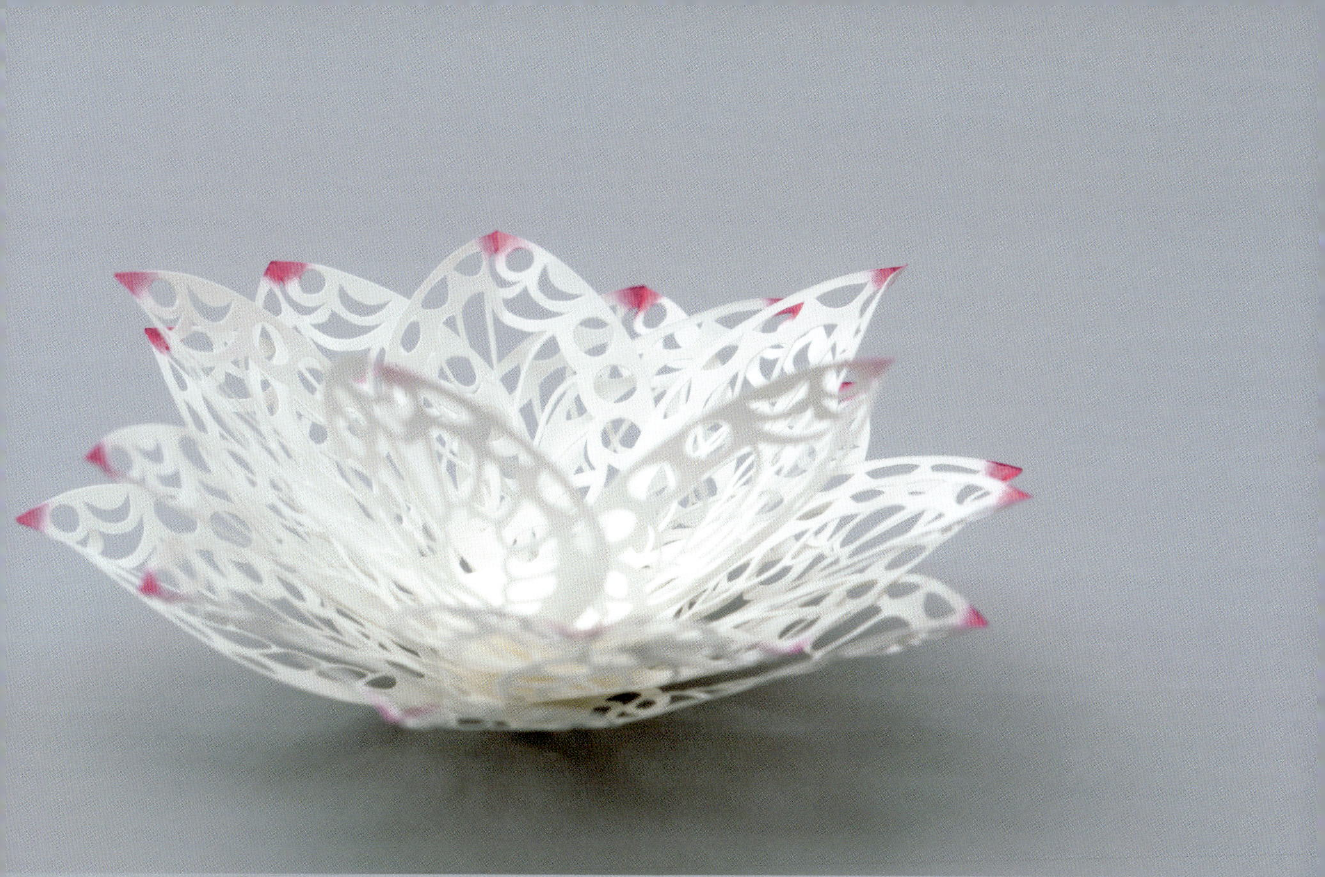

蝶の羽根模様 × 蓮

組み立て方 » p47

この本の楽しみ方

切り絵をした用紙を折ったり組み立てたりして立体にすることで楽しむ「立体切り絵」。
ここでは、図案付き用紙を使って楽しむための、基本的な事柄を解説します。

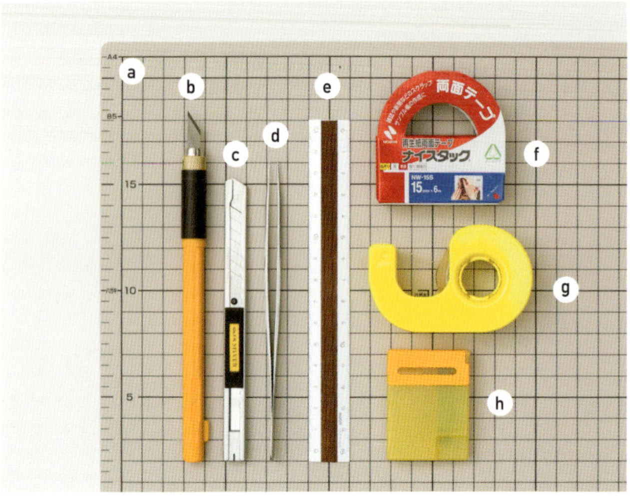

■ 用意するもの

ⓐ **カッターマット**
用紙を切る際に使用。

ⓑ **デザインカッター**
切り絵の図案はすべてデザインカッターで切る。

ⓒ **カッター**
用紙のアウトラインを切るときに使用（図案部分には使用しない）。

ⓓ **ピンセット**
細かい部分を折るときに使用。

ⓔ **定規**
カッターをあてるので、ステンレス製かステンレス部分があるものが望ましい。

ⓕ **両面テープ**
用紙を貼ってとめる際に使用。

ⓖ **テープ**
「蓮」や「ガーベラ」など、花びらを重ねて貼る際に使用。

ⓗ **デザインカッターの替え刃**
刃は鋭角なほうが細かい図案にも対応できる。

■ 本書で使用する用紙について

そのまま使用する

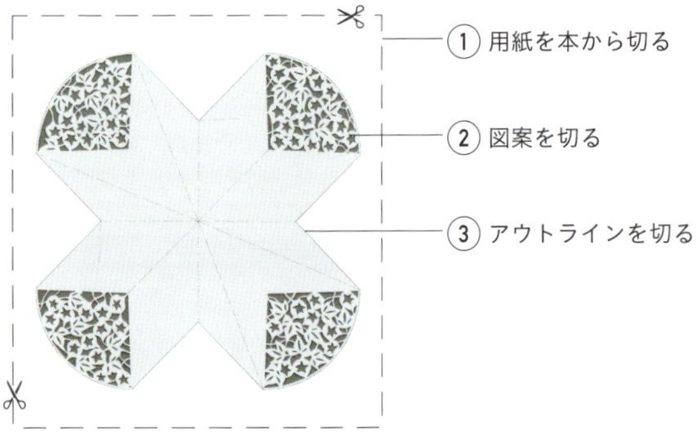

この本の後ろについている用紙をそのまま使用して作品が作れます。用紙に記載された線種の説明や切り絵のポイントが書かれた部分を残し、切り取ってください。

コピーして使用する

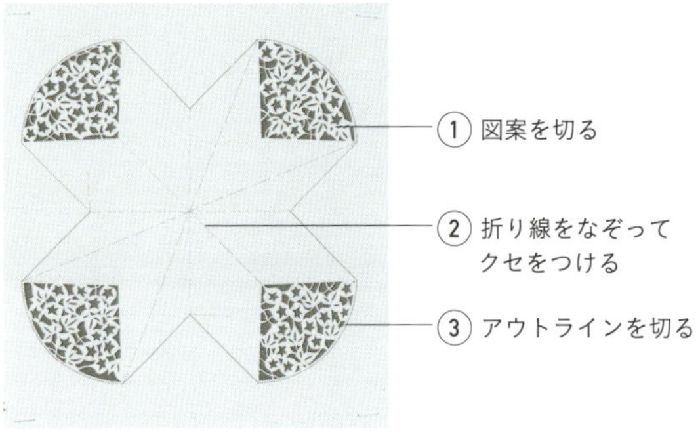

準備した紙（折り紙や色紙）にコピーした図案用紙を重ねて四隅をホチキスでとめ、２枚重ねた状態で切り絵をします。紙には折り線がないため、図案用紙の折り線をヘラや鉄筆などでなぞって紙にクセをつけてから、アウトラインを切ります。

■ 切り絵のポイント

カッターの刃を動かす向きは一定方向にするのがきれいに切るコツ。右利きの場合、カッターは右斜め手前に動かすと一番安定します。カッターを動かす向きは一定にして、図案にあわせて用紙を回転させて、切り進めましょう。

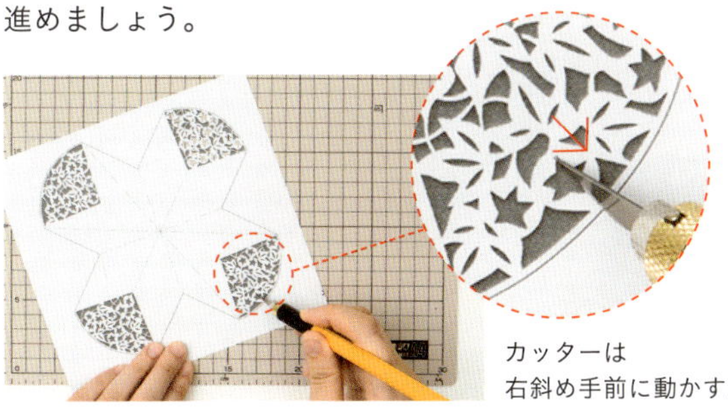

カッターは
右斜め手前に動かす。

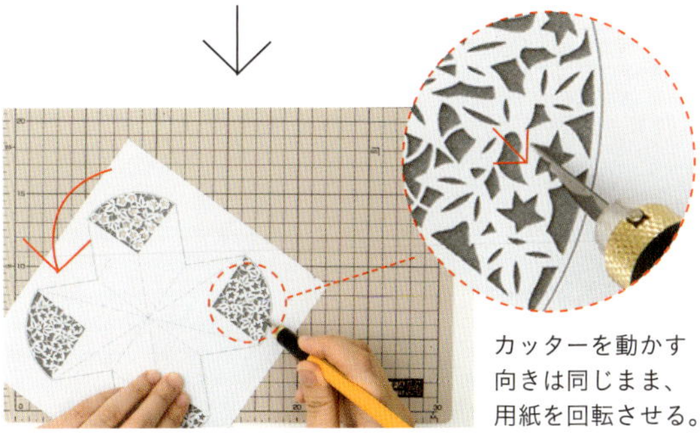

カッターを動かす
向きは同じまま、
用紙を回転させる。

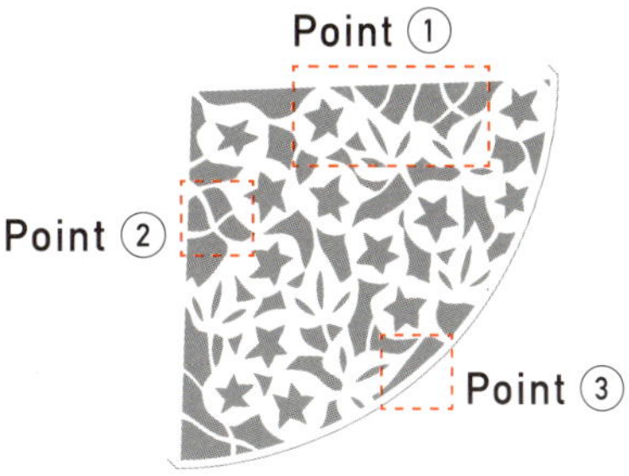

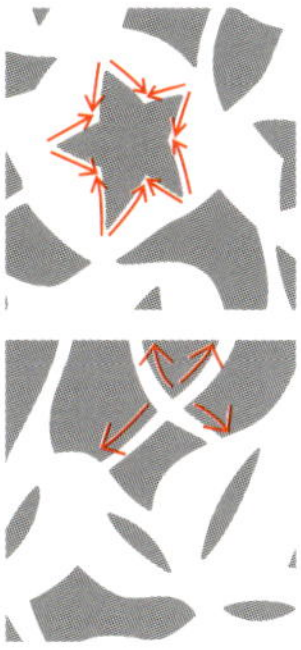

Point ①

カッターの刃を入れるときはミスが少ない。細かい部分に刃を入れ、そこから広い部分へカッターを動かすのが基本。

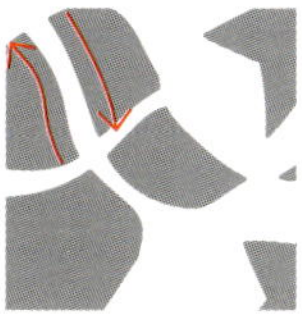

Point ②

細い部分を切るときは、残す部分の利き手側に刃をあてて切る。逆側に刃をあてると図案が見えにくくなり、切り落としてしまうので注意。用紙を回転させて図案が見えるようにし、利き手側で切る。

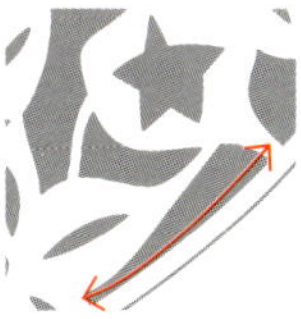

Point ③

曲線は、人によって得意なカーブの向きが違うため、右カーブと左カーブのどちらが得意か見極め、得意な向きで切るようにするとよい。

■ 図案の切り進め方

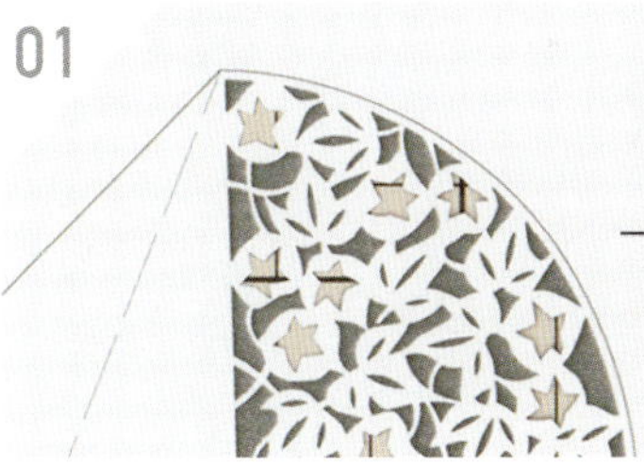

図案の中で細かい部分を先に切る。

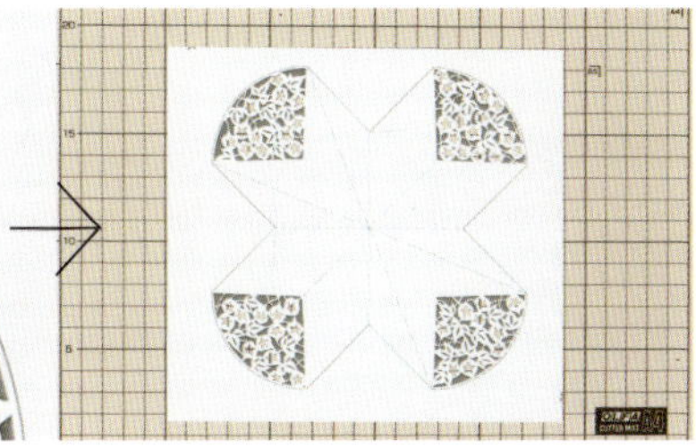

図案の中に同じ模様があるときは、
同じ部分をすべて先に切る。

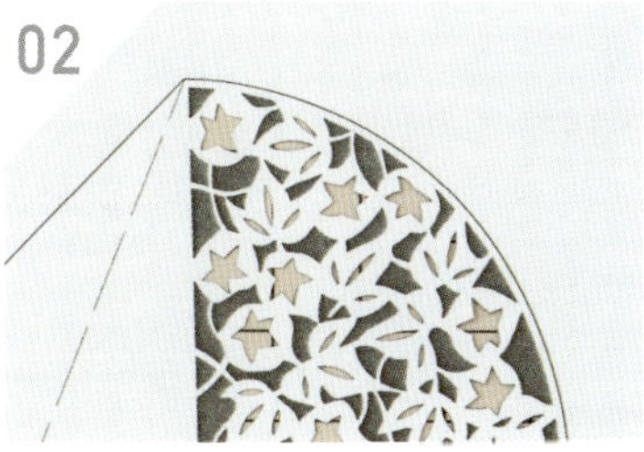

細かい部分をさらに切り進める。

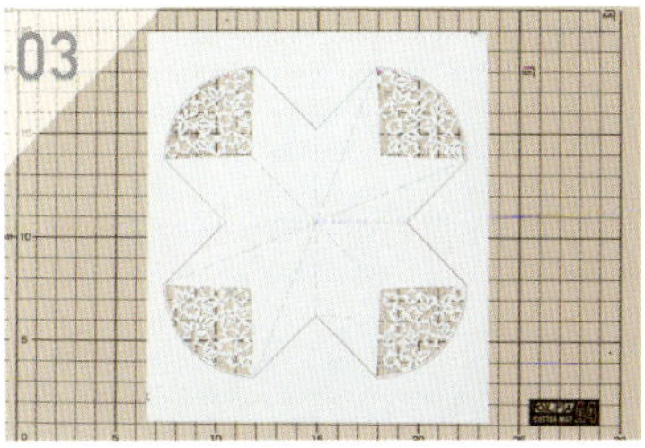

すべての図案を切る。

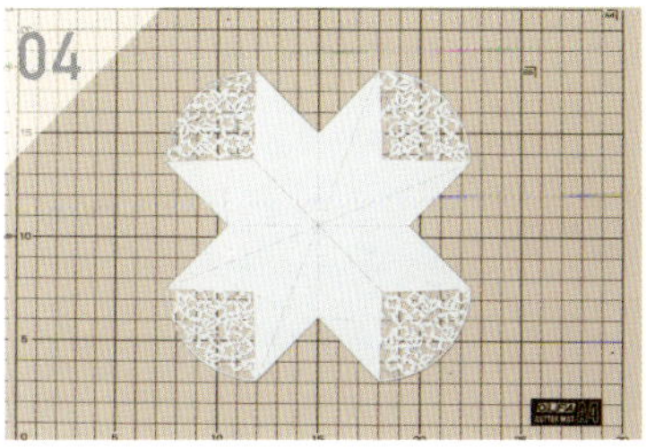

アウトラインを切る。

Point

用紙は余分のある四角い状態で切り絵をしたほうが、丈夫で押さえやすく、作業がしやすいです。アウトラインは必ず最後に切りましょう。

■ 折り方

Pattern ① 順番に折る

折り線に沿って、折り方（p38-45）を見ながら順番に折りたたんでいく。折り方がシンプルで作りやすい。
＊あひる、おひなさま、飛行機など

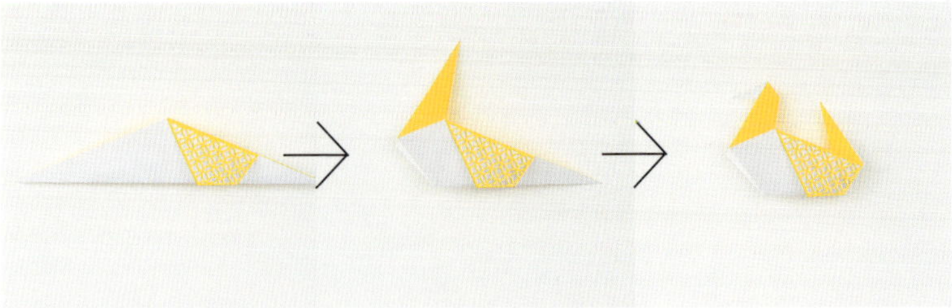

Pattern ② 折り線をつけて、形を作りながら折る

必要な折り線を先につけてから、全体の形を作りながら折る。角を作りながら形を作ったり、徐々に全体を折りたたみながら形を作ったりする。
＊あやめ、つのこう箱、風船 など

■ 折り方のポイント

Point ①

部分的に折るときは定規をあてるときれいに折れる。細いところはピンセットをあてて少しずつ丁寧に折る。

Point ②

切り絵をした部分は、しっかりと折らずにふんわりとさせておく。

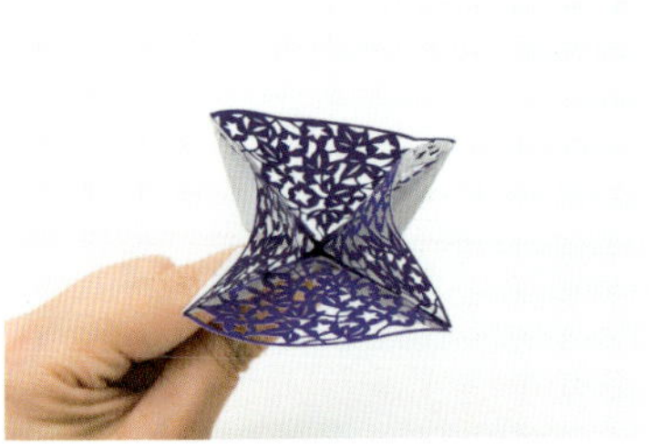

■ 花の組み立て方（例：バラ » p26）

01

茎の用紙を置いて、端から斜めに丸め、棒状にする。

02

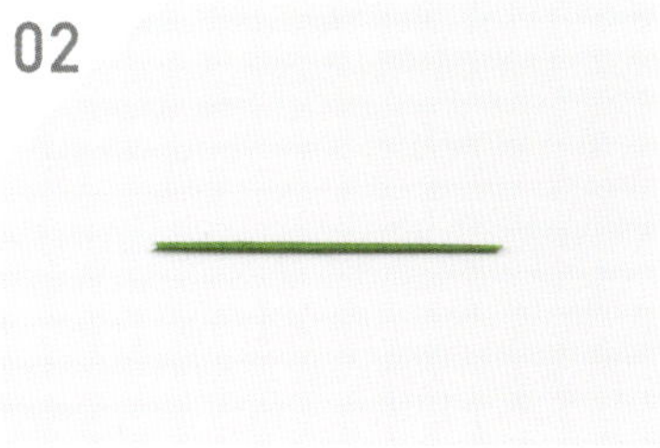

丸めたところ。端が浮くようなら両面テープで軽くとめる。

03

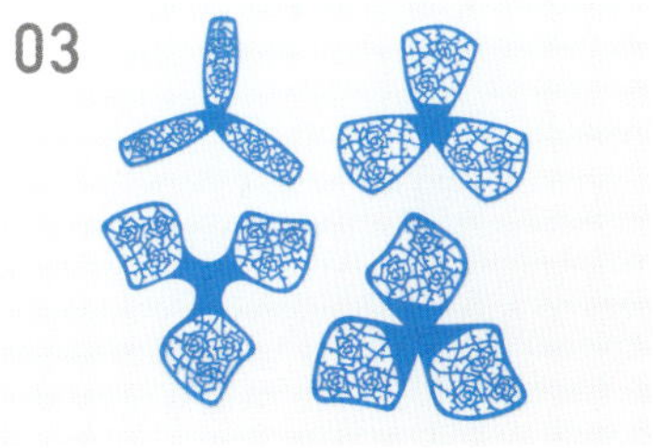

切り絵をして、花びらの用紙を準備する。中央の切り込みも忘れずに入れること。

04

薄い紙で花びらを挟んでしならせ、花びらにカーブをつける。

05

花びらを1枚ずつ折り、おこす。

06

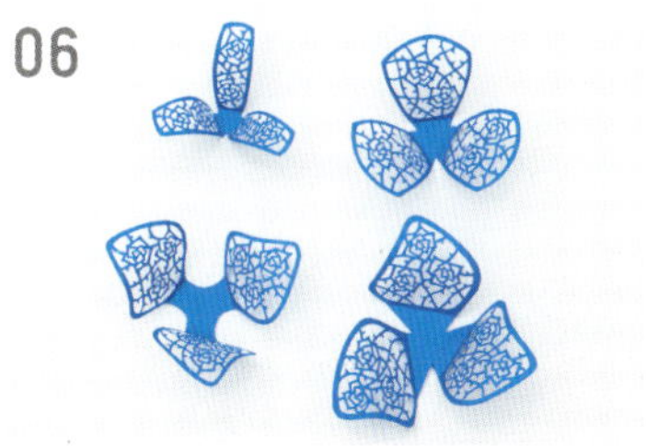

小さな花びら（内側になるもの）はしっかりと折り、大きな花びら（外側になるもの）はやや開き気味になるように折る。

07

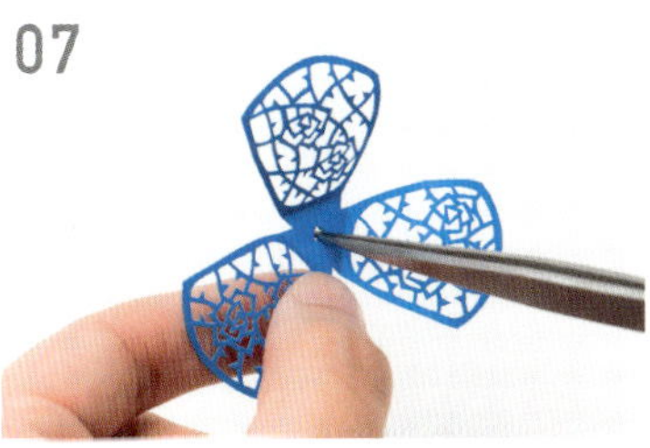

花びらの中央の切り込みにピンセットを入れて、軽く穴をあける。

08

小さな花びら（内側になるもの）から順に茎の下から通す。

09

完成。茎が長ければカットしてもよい。

各作品の折り方、組み立て方

＊本書の後ろに付属している用紙を切り取って使用します。
切り絵をしてからアウトラインに沿って用紙を切り出し、以下の折り方・組み立て方を参照して作りましょう。
＊切り絵の仕方はp34~35を参照してください。
＊折り方、組み立て方のポイントはp36~37を参照してください。

流水に桜模様×鶴、手毬と扇模様×鶴 » p08,09

01

切り絵をして、用紙を準備する。

02

鶴の体の部分の折り線をつける。

03
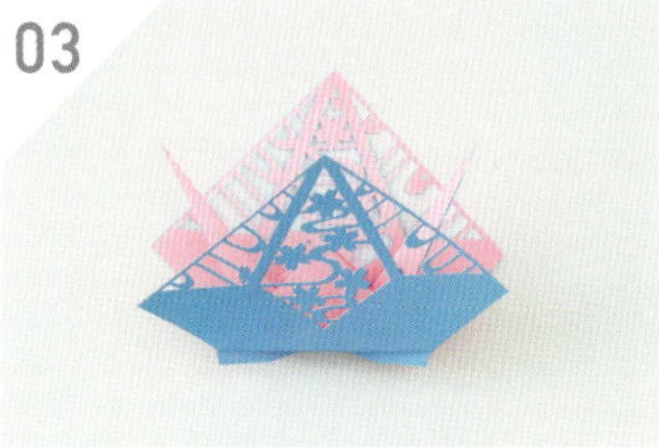
頭としっぽを谷折りにしながら、02でつけた折り線で体を折る。

04
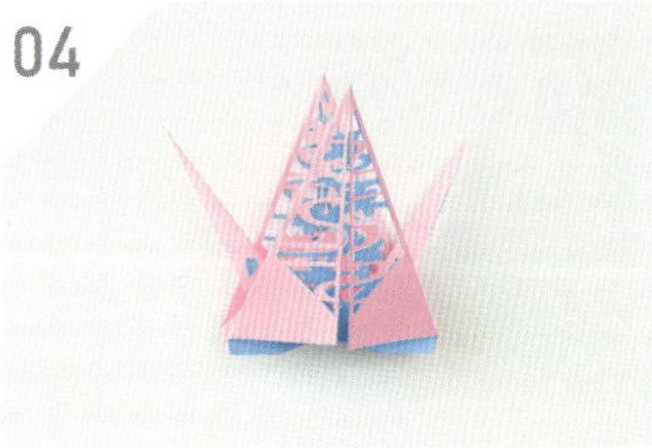
羽を折る。

05

胴体の部分を谷折りする。

06
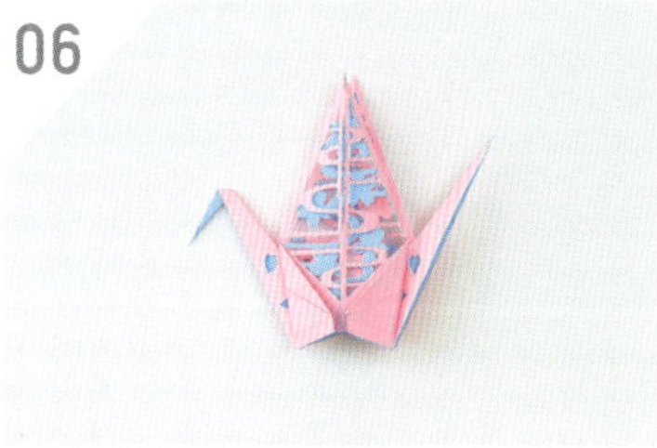
頭を折る。
＊この折り線は用紙についていないので、適当なところで折る。

07

羽をゆっくりと広げる。薄い紙で羽を挟んでしならせ、カーブをつける。

08

完成。

Point
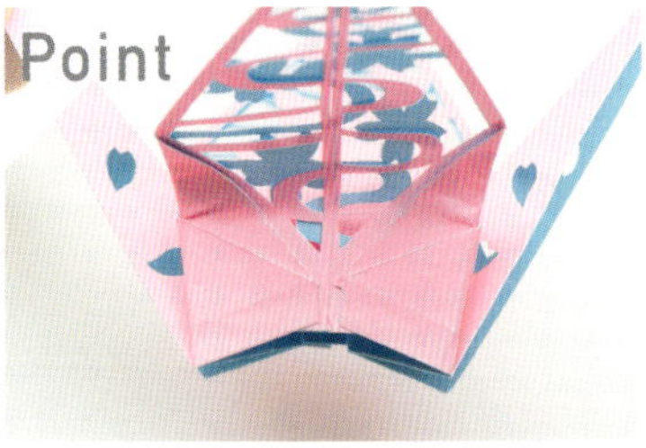
胴体の部分をのりや両面テープで貼ると形がくずれにくくなる。

バラ模様 × 鶴 » p06

切り絵をして、用紙を準備する。

体の部分の折り線をつけ、頭としっぽを谷折りにしながら体を折る。

胴体の部分を谷折りする。

頭を折る。
*この折り線は用紙についていないので、適当なところで折る。

羽をゆっくりと広げる。薄い紙で羽を挟んでしならせ、カーブをつける。

完成。

七宝模様 × あひる » p14

切り絵をして、用紙を準備する。

真ん中で半分に折る。

羽の部分を折る。

首部分を折り上げる。

しっぽを折り上げる。

頭を折る。
*この折り線は用紙についていないので、適当なところで折る。

朝顔模様 × 朝顔 » p10

切り絵をして、用紙を準備する。

用紙の裏面を見て山折り部分の折り線をつける。

谷折り部分の折り線をつける。
*このとき、模様を切り絵した部分は折り線をつけないようにする。

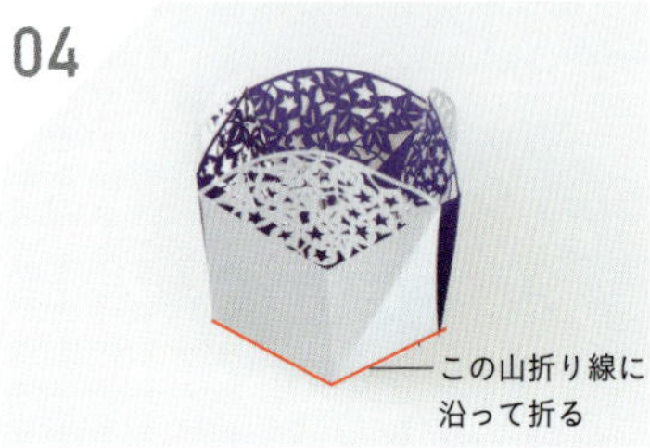

短い山折り線に沿って折りたたみ、折り線のある両脇は内側に折り込む。

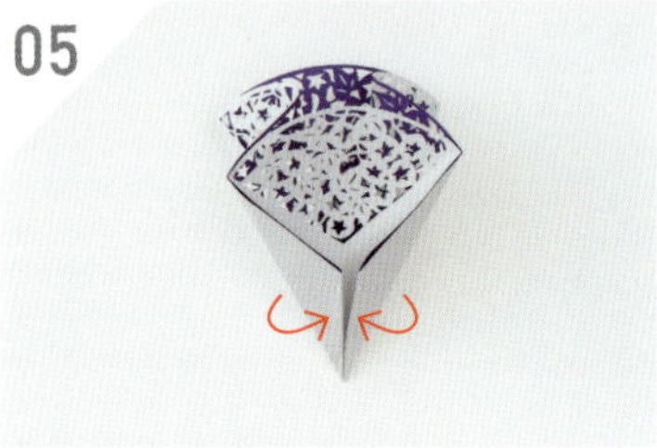

根元の部分を折る。

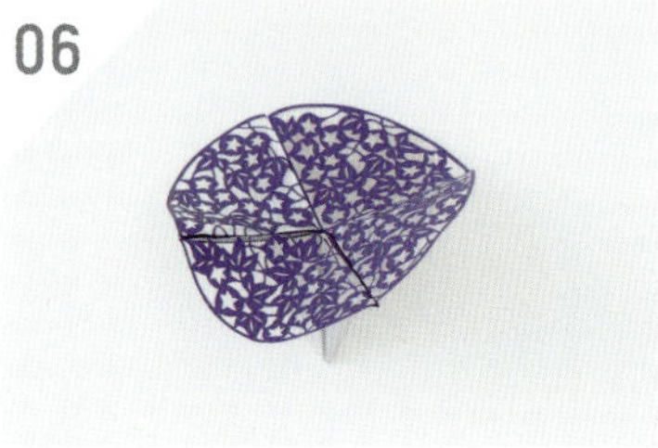

根元のガイド線を折り、花びらの部分を広げる。

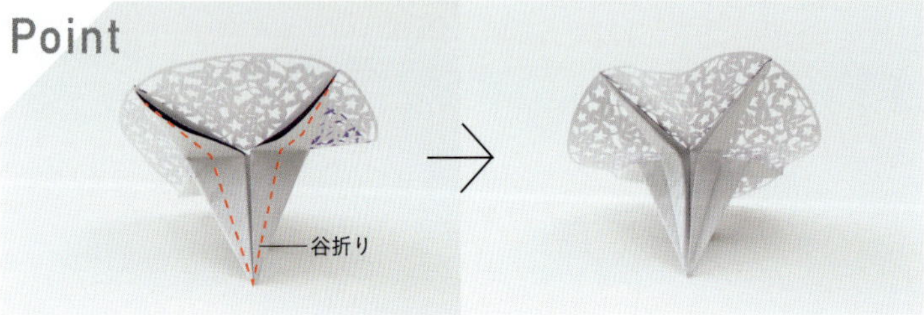

根元の部分をさらに半分に折りたたむと、表から見える白い部分が減り、より美しい仕上がりになる。

流水に紅葉模様 × 風車 » p12

切り絵をして、用紙を準備する。

羽根の部分を４箇所折る。

さらに内側に向けて羽根を折る。

裏面に流水模様があるので、裏から見ても美しい。好みの向きで飾る。

格子に藤模様 × こいのぼり » p15

01

切り絵をして、用紙を準備する。

02

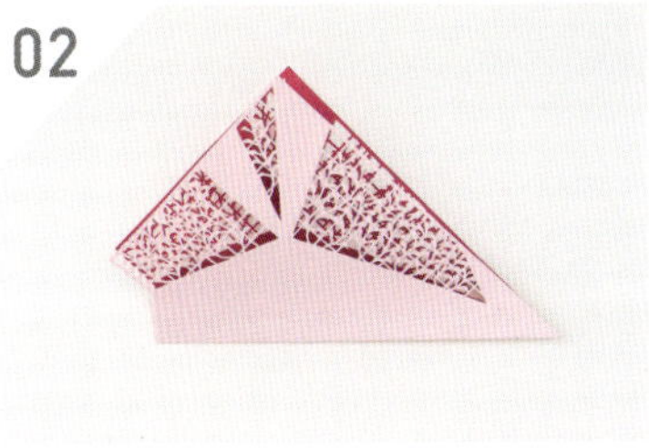

真ん中で半分に折る。

03

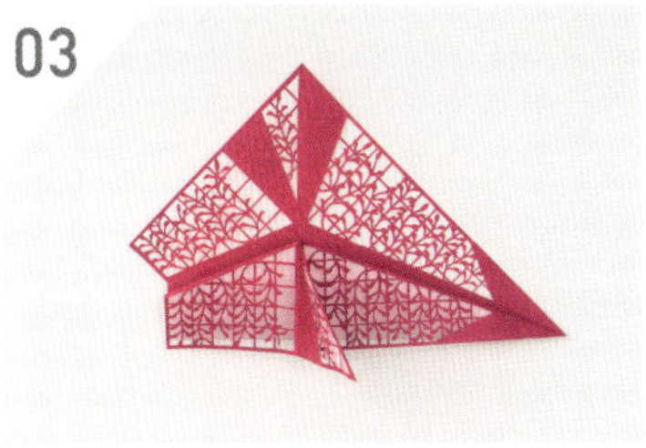

頭と背中、ひれの部分を折る（向こう側は折る前の状態）。

04

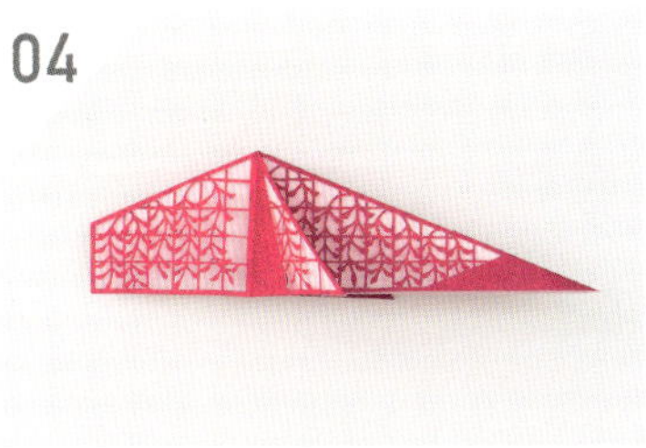

03と同様に向こう側も折る。

05

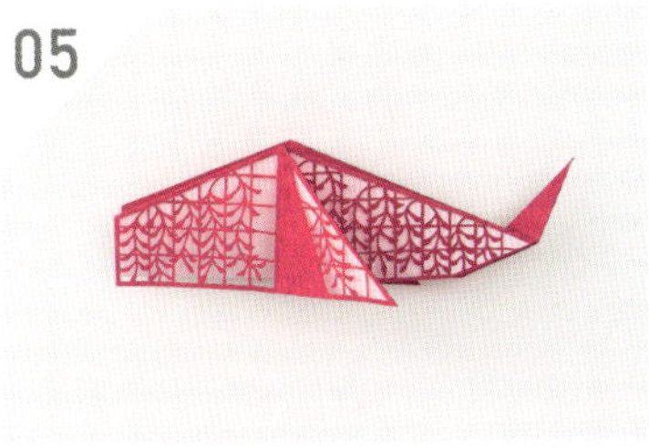

しっぽを折り上げる。
＊この折り線は用紙についていないので、適当なところで折る。

06

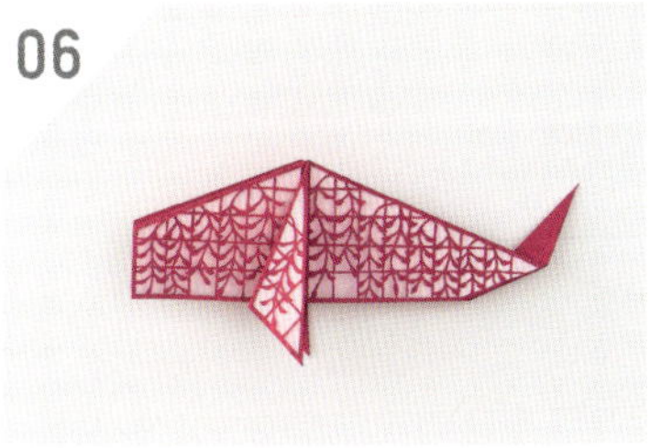

ひれを折り、完成。

梅模様 × おだいりさま » p16

01

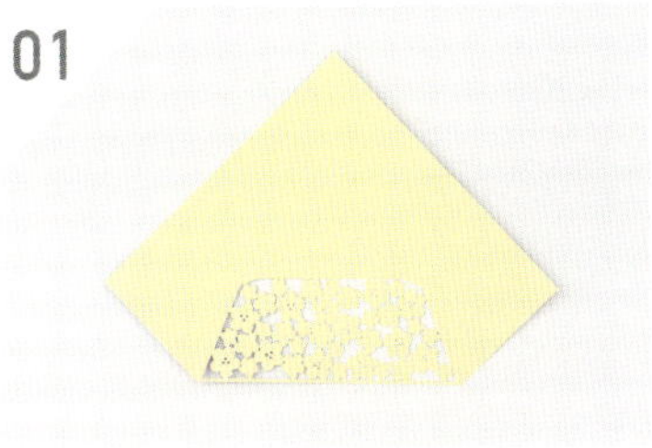

切り絵をして、用紙を準備する。

02

両側を谷折りする。

03

下の部分を折り上げる。

04

裏に返して、切り絵部分を折る（袖になる）。

05

頭を折る。

06

裾を折り、完成。

桜模様 × おひなさま » p16

切り絵をして、用紙を準備する。

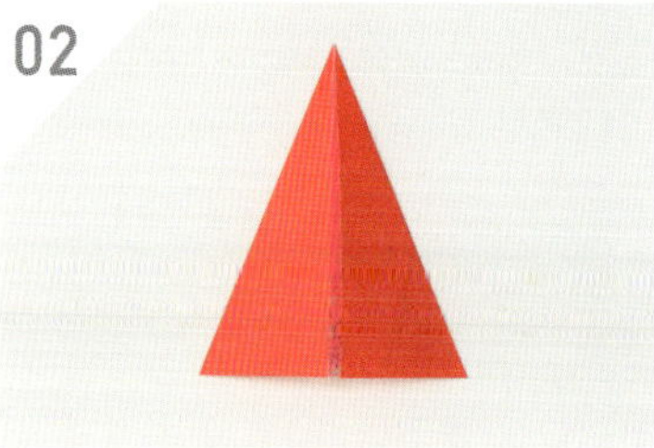

両側を谷折りする。

下の部分を折り上げる。

裏に返して、切り絵部分を折る（袖になる）。

頭を折る。

裾を折り、完成。

水の波紋とかたつむり × あやめ » p18

切り絵をして、用紙を準備する。

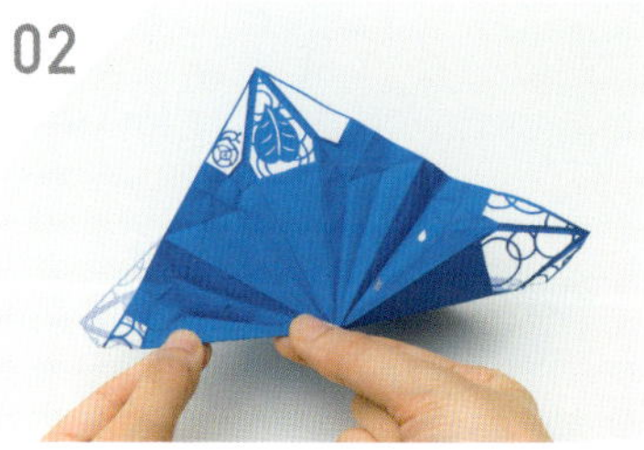

中心を通る山折り線を折り、折り目をつける。

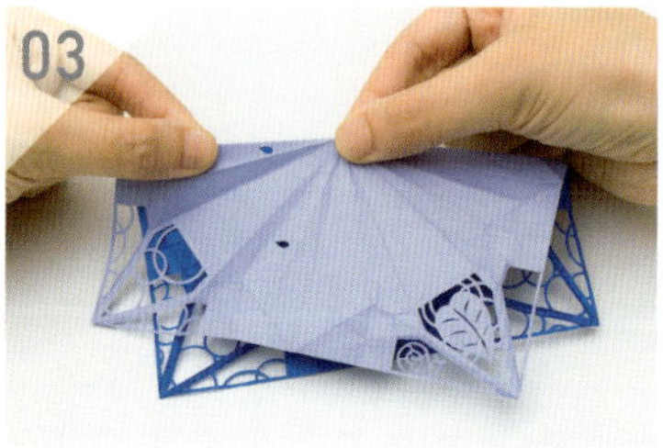

中心を通る谷折り線を折り、折り目をつける。

花びらを三角に折りながら、外周の折り線と02、03の折り目に沿って折りたたみ、形を作る。

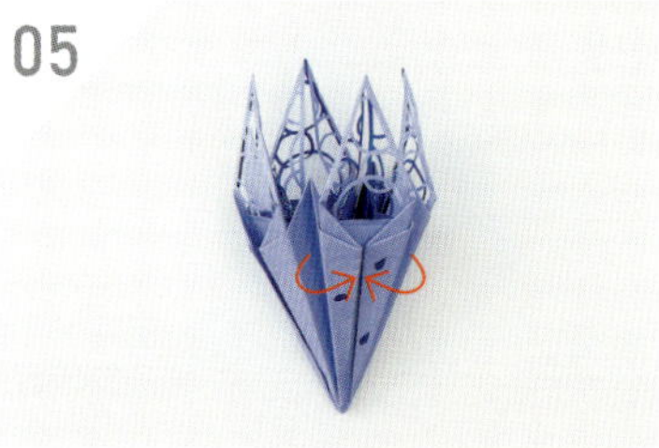

花びらの下部分の両サイドを折る。

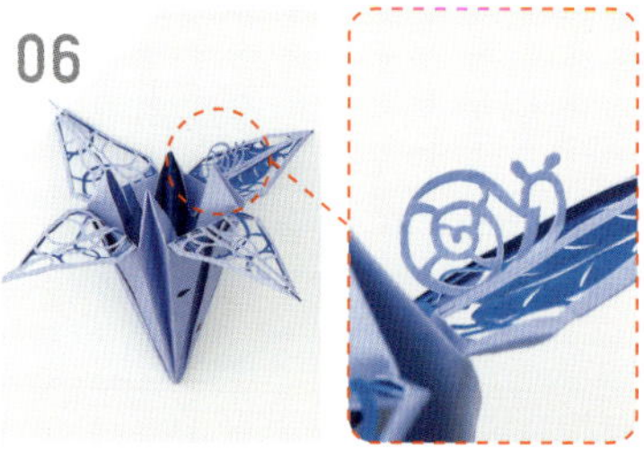

花びらを折り、かたつむりをおこして完成。

籠目に鉄線模様 × つのこう箱 » p19

切り絵をして、用紙を準備する。

紫面の谷折り→ベージュ面の谷折りの順ですべての折り線を入れる。細いところは丁寧に折ること。

角を作りながら順に折りたたむ。

全体を少しずつたたむ。

つのの部分を折りながら形を整えていく。

つのを４箇所折りたたみ、完成。

唐草に花模様 × 足つき三方 » p20

切り絵をして、用紙を準備する。

４箇所を折る（脚になる）。

裏面の２箇所を谷折りする。写真のように脚ができる。

側面を折り上げ、折り線に沿って折りたたむ。

04と同様にもう一方も折りたたむ。

取っ手２箇所を折って形を整え、完成。

かもめと入道雲模様 × 飛行機、矢羽根模様と鱗紋 × 飛行機 » p22

01

切り絵をして、用紙を準備する。

02
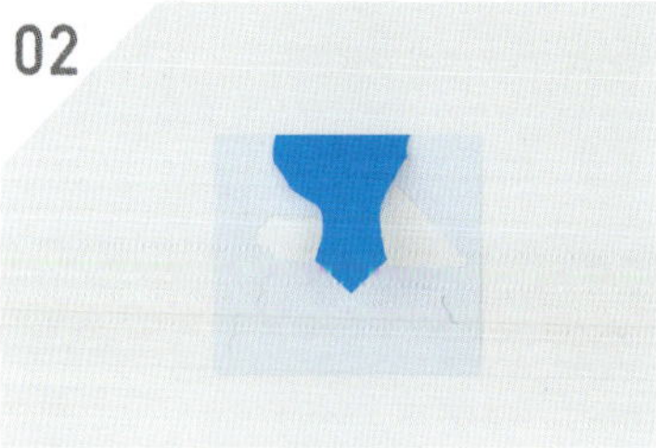
裏に返して、先端を折る。

03
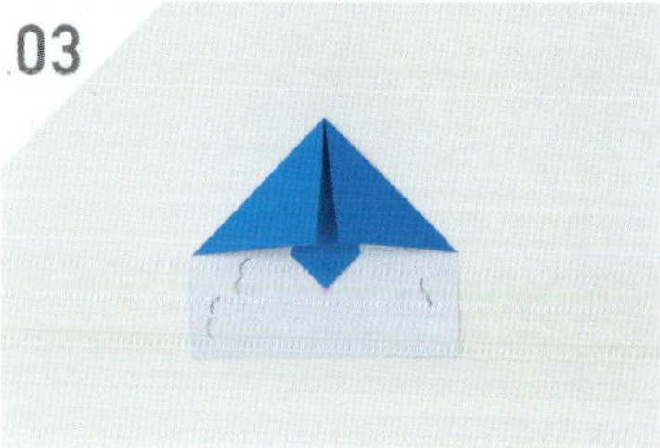
両側を三角に折る。

04
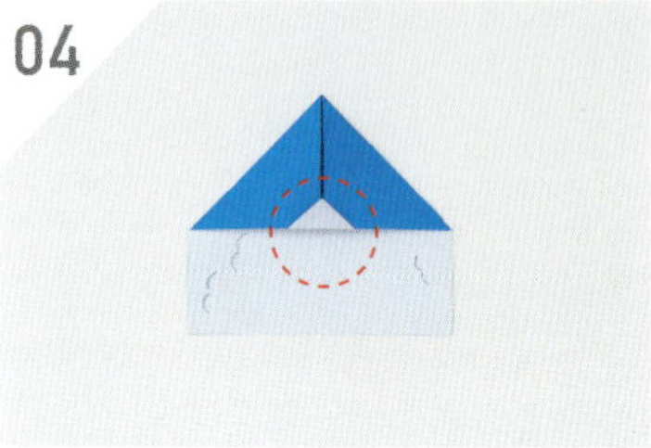
先端を折り上げる。

05

真ん中で半分に折る。

06

羽を折る。

07

完成。

小槌と小判模様 × かめ、亀甲と青海波模様 × かめ » p23

01
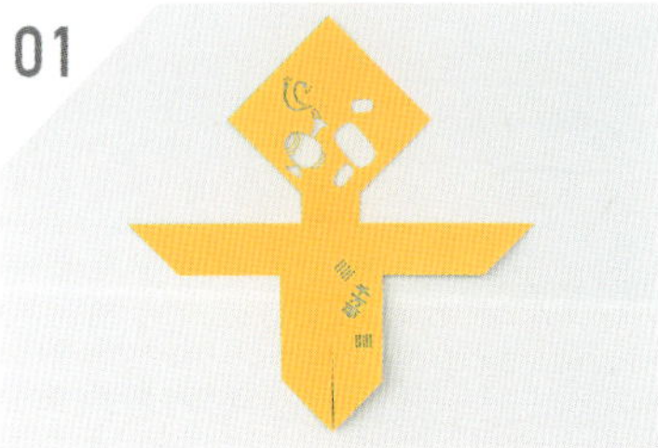
切り絵をして、用紙を準備する。

02

甲羅部分を折る。

03

裏に返して脚を折る。

04

前脚を折る。

05

4本の脚を折る。

06

甲羅を折る。

07

頭を折る。

08

表に返して、完成。

桜模様 × 風船 » p24

01

切り絵をして、用紙を準備する。

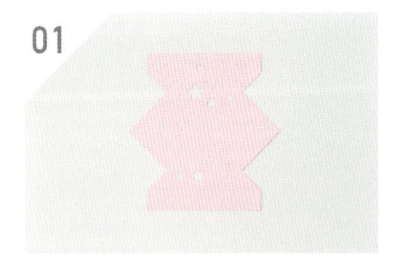

02

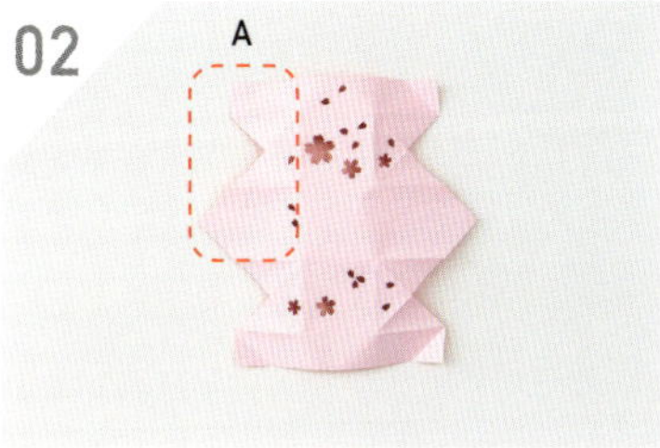

すべての折り線をつける。

03

風船を徐々に立体に作っていくため、三角の部分を折る。
＊写真は02のA部分。

04

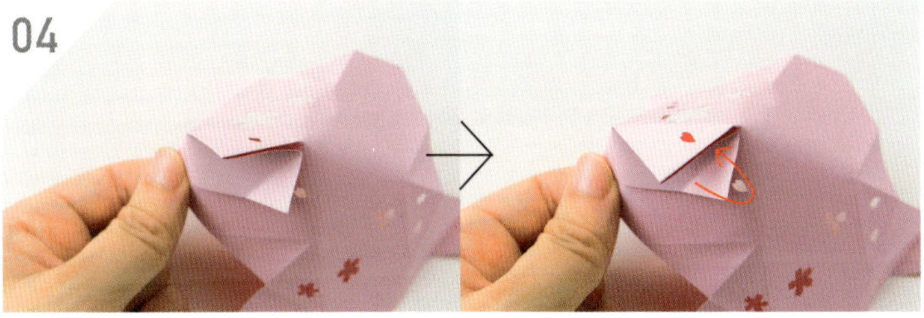

三角の部分に袋ができるように折る。

05

04で作った袋の部分に、用紙の角を入れる。

06

ひとつの三角が完成したところ。
同様にして順に折っていく。

07

２箇所を折りたたんだ状態。残りの２箇所も同様に折る。

08

４箇所すべてを折って風船状にし、完成。

クリスマス模様 × はなもよう » p25

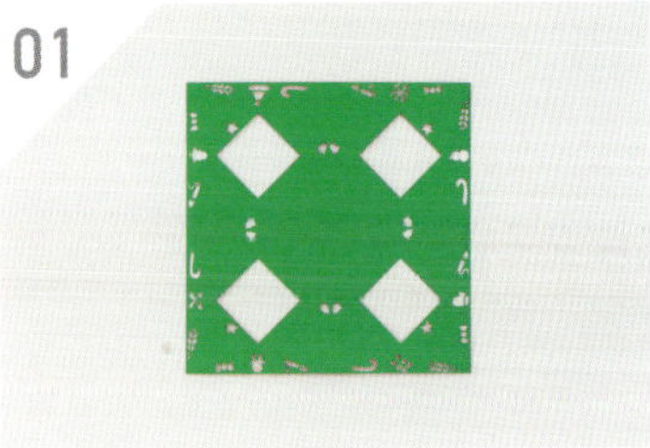

切り絵をして、用紙を準備する。

すべての折り線をつける。

折り線をすべて折りたたみ、くつ下のパーツを中央に両面テープで貼りつけて完成。

リボン模様 × カーネーション » p28

茎の用紙を置いて、端から斜めに丸め、棒状にする。

茎ができたところ。
＊端が浮くようなら両面テープで軽くとめる。

切り絵をした花びらを折り線に沿っておこし、さらに1枚ずつやや真ん中で折り、丸みをつける。

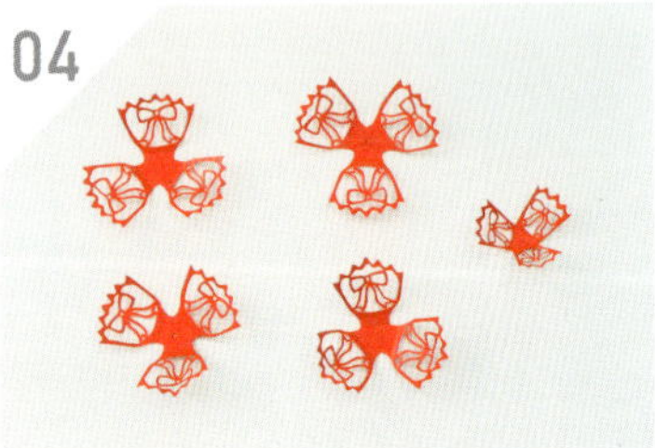

すべての花びらに折りクセをつけたところ。

茎の先端を切って整え、小さな花びらを下からさし込み、残り4枚を順にさす。

花びらは互い違いになるように位置を決めるとよい。花びらをすべてさし、茎の長さを整えて完成。

蜘蛛の巣模様 × すずらん » p30

切り絵をして用紙を準備する。花びらの間の切り込みも入れる。

薄い紙で花びらを挟んでしならせ、花びらにカーブをつける。

テープを小さく切り、花びらが立体的になるように隣り合わせて内側から貼る。

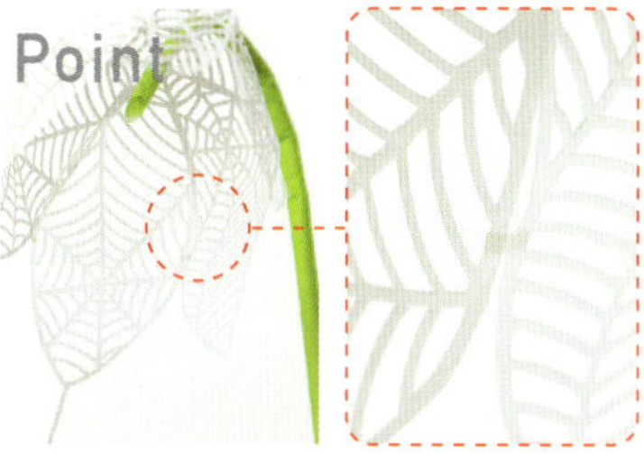

テープは片面だけの使用のため、セロテープでもよいが、両面テープのほうがやや厚く扱いやすい。

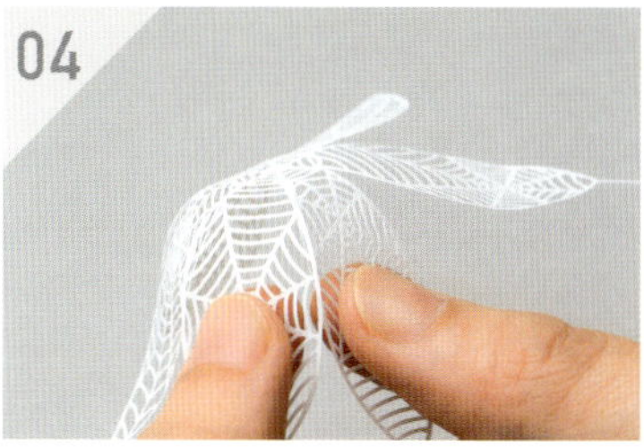

順に花びらを貼り、立体的にしていく。

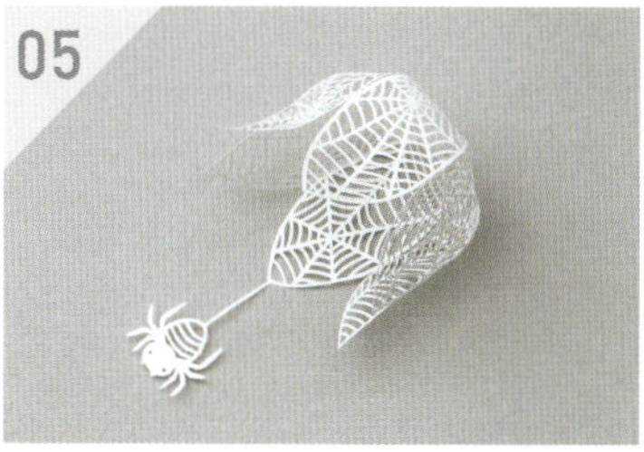

花びらをすべて貼り合わせたところ。

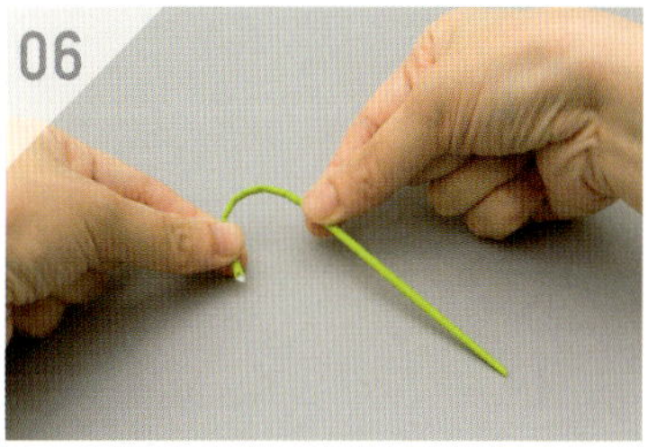

茎の用紙を棒状にし（p46参照）、先を少しカーブさせる。

05の花をさし、茎の長さを整えて完成。

蝶の羽根模様 × 蓮 » p33

切り絵をして、用紙を準備する。

花びら1枚ずつをやや真ん中で折り、丸みをつける。

花びらの根元を軽く折り、おこす。下にくる花ほど角度がゆるやかになるようにしておく。

花を重ねて貼る。ふんわりとした仕上がりにするため、セロテープを丸めて真ん中に貼る。

花びらが互い違いになるよう軽くとめ、４枚重ねて完成。

レース模様 × ガーベラ » p32

切り絵をして、用紙を準備する。花びらの根元を軽く折り、おこす。

花びらが互い違いになるように、真ん中を丸めたセロテープでとめ、完成。

濱 直史　Hama Naofumi

1981年生まれ。独学で制作をはじめ、リアルな草花からファンタジックな題材まで独自の世界観の切り絵作品を制作する。平面の切り絵だけでなく、「立体切り絵」という新しいスタイルでの表現を追究している。本書に掲載した「伝承折り紙をモチーフにした作品」、「花をモチーフにした作品」のほか、りんごや金魚など「曲面立体」の作品も多数。

http://naofumihama.com/nao/

「桜きんぎょ」

「まどろみの中」

濱直史の **立体切り絵**

2016年 3月30日　初版発行
2016年 12月20日　6刷発行

著　者　濱直史
発行者　小野寺優
発行所　株式会社河出書房新社
〒151-0051　東京都渋谷区千駄ヶ谷2-32-2
電話　03-3404-8611（編集）
03-3404-1201（営業）
http://www.kawade.co.jp/
印刷・製本　図書印刷株式会社

Printed in Japan
ISBN978-4-309-27703-5

Staff

デザイン　三上祥子（Vaa）
写真　わだりか
スタイリング　大島有華
図案製作　ウエイド
編集協力　藤川佳子

参考文献

『親子であそぶおりがみ絵本
伝承おりがみ Ⅰ・Ⅱ・Ⅲ・Ⅳ』（福音館書店）

本書の内容に関するお問い合わせは、お手紙かメール（jitsuyou@kawade.co.jp）にて承ります。恐縮ですが、お電話でのお問い合わせはご遠慮くださいますようお願いいたします。

p06

バラ模様 × 鶴

» 折り方 p39

———— 切り取り線
▬ 切り取り部分
ー・ー・ー・ー 山折り
ーーーーーーー 谷折り

バラの花の中心から外側に向かって、花びらを切ります。
蔓を切るときには、トゲの根元から先端に向かって切るようにすると
あやまって蔓を切り落としてしまうことが少なくなります。

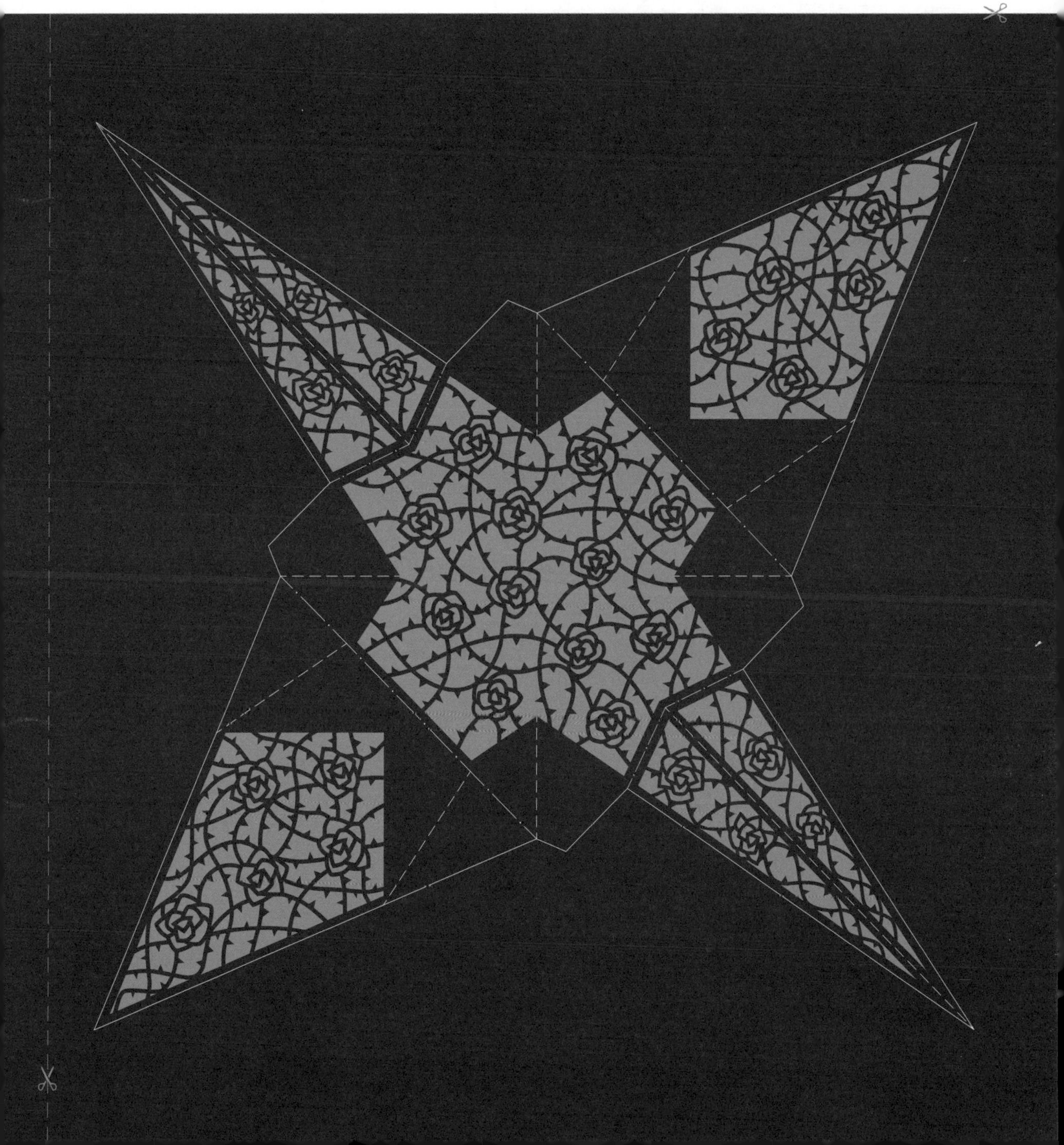

p06

p08

流水に桜模様 × 鶴

» 折り方 p38

———— 切り取り線
切り取り部分
ー・ー・ー・ー 山折り
ーーーーーーー 谷折り

まず、桜の花びらのまわりにある小さな面積の部分を切り、
そのあとに面積の広い部分を切ります。
流水の曲線ができるだけなめらかになるように切りましょう。

p08

p09 手毬と扇模様 × 鶴

» 折り方 p38 の流水に桜模様を参照

- 切り取り線
- 切り取り部分
- 山折り
- 谷折り

まず、手毬の小さな面積の部分を切り、そのあとに面積の広い部分を切ります。
細い線を残すので、切る際に紙を引っ張ったりしてちぎれないようにしましょう。

p10 朝顔模様 × 朝顔 » 折り方 p40

———— 切り取り線
▬▬ 切り取り部分
ー・ー・ー・ー 山折り
ーーーーーーー 谷折り

花の中心の星部分と葉の内側から切りはじめ、蔓のまわりを切り落とします。
蔓は細いので、難しい場合には少し太めに切るなどアレンジしてもよいでしょう。
曲線が多い図案なので、こまめに用紙を回転させて少しずつ切るようにします。

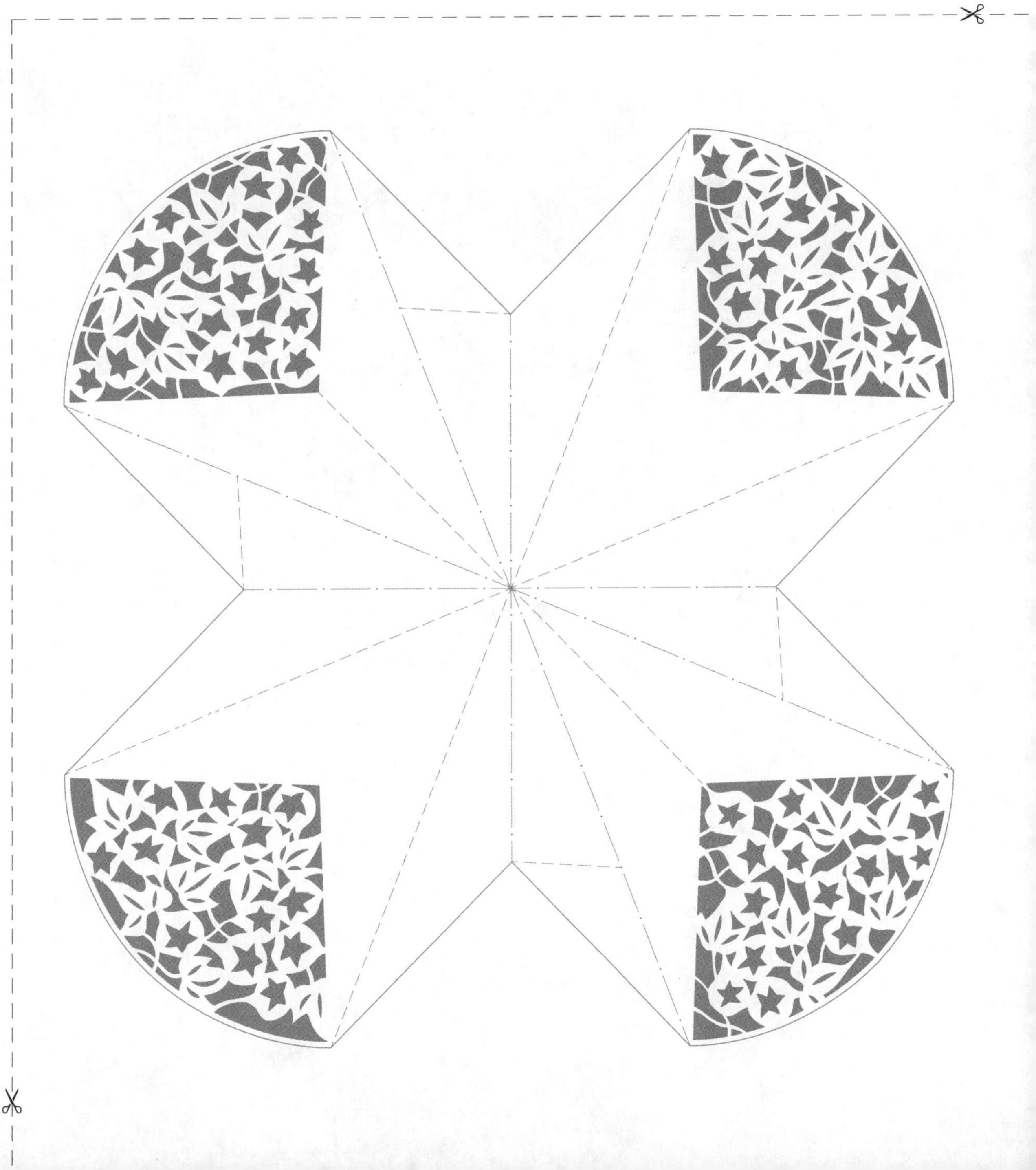

p10

p12 流水に紅葉模様 × 風車 » 折り方 p40

切り取り線
切り取り部分
山折り
谷折り

紅葉の鋭角な部分と、流水のなめらかな曲線があります。
羽根を折るときは、ピンセットなどを使って縁がきれいに仕上がるようにしましょう。

p12

p14 七宝模様 × あひる » 折り方 p39

———— 切り取り線
■ 切り取り部分
ー・ー・ー・ー 山折り
ーーーーーーー 谷折り

七宝模様は曲線ばかりで、残す部分も細いのでゆっくりと丁寧に作業してください。羽を折るときは、ピンセットなどを使って折り際の細い部分がきれいに仕上がるようにしましょう。

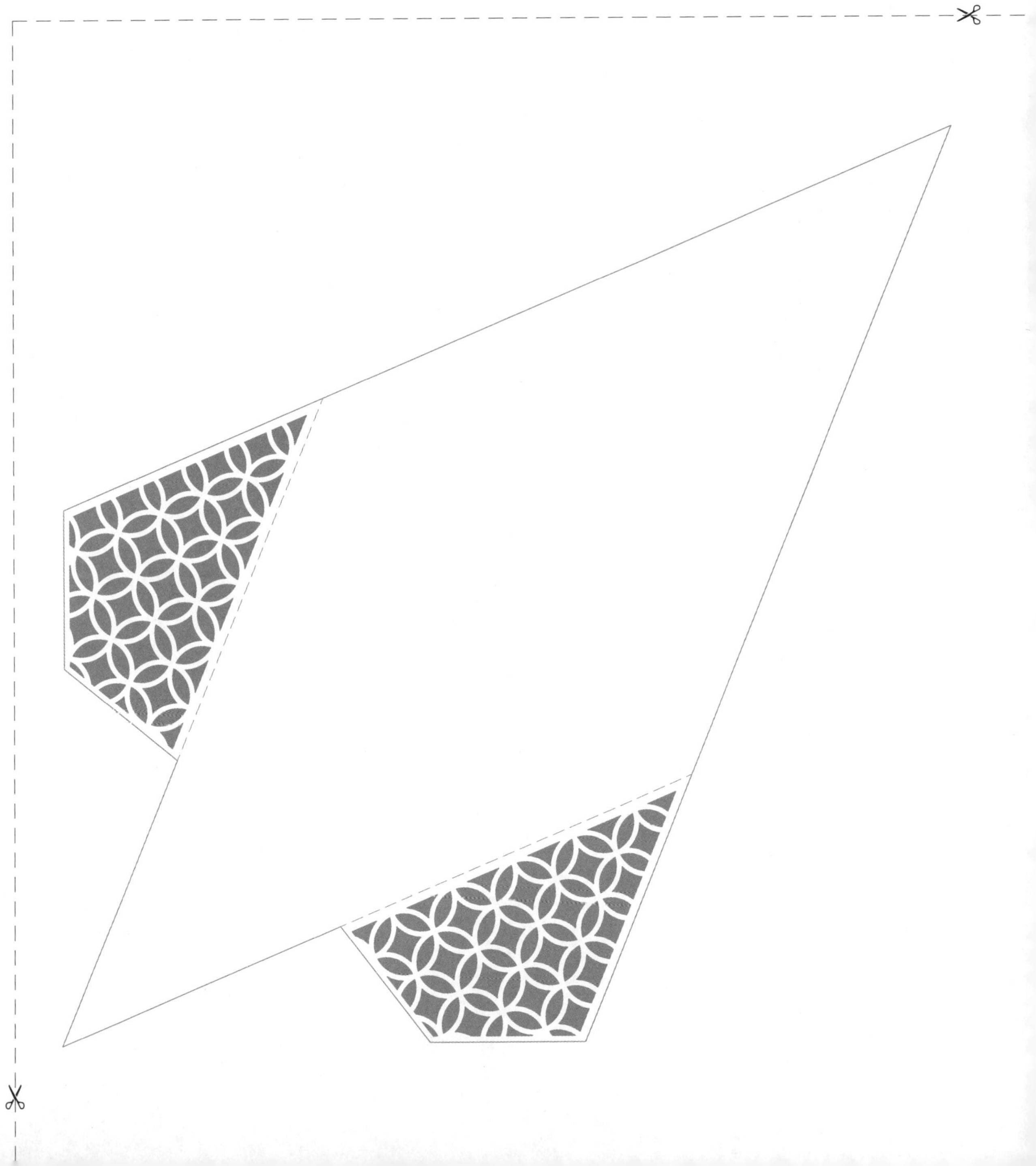

p14

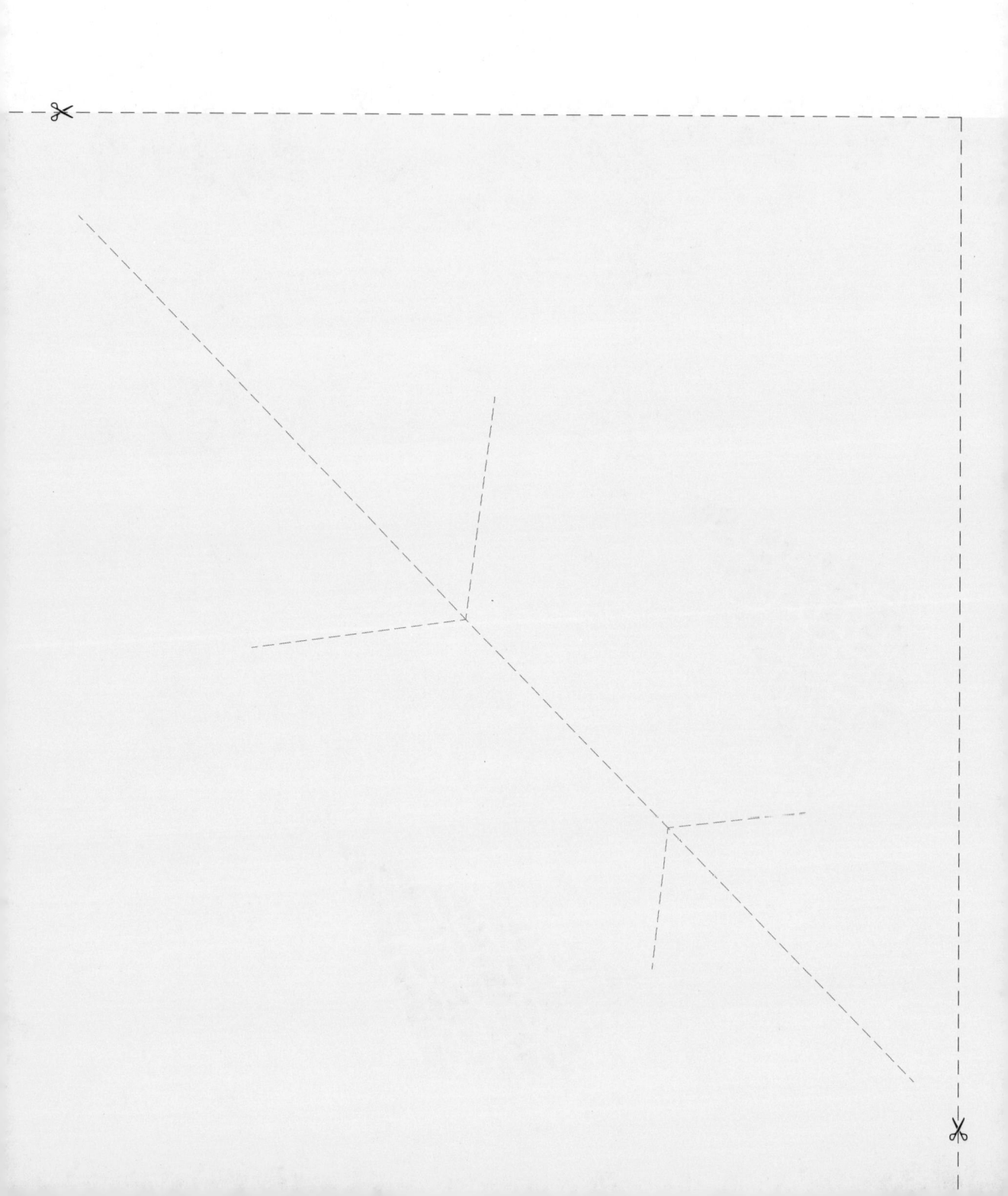

p15

格子に藤模様 × こいのぼり » 折り方 p41

──────　切り取り線
▭　切り取り部分
ー・ー・ー・ー　山折り
ーーーーーーー　谷折り

きっちりとした格子の升目と、そこに揺れる藤のやわらかな姿は藤棚のイメージ。
細かいところから切りはじめ、徐々に面積の広いところへと切り進めます。
折り方は簡単ですが、切り絵部分をちぎらないよう慎重に作業してください。

p15

p16

梅模様 × おだいりさま

» 折り方 p41

切り取り線
切り取り部分
山折り
谷折り

まず、梅の中心の丸い部分を切り取り、花のまわりを切り落とします。
丸い部分や花びらの曲線ができるだけなめらかになるように、
用紙を回転させながら切りましょう。

p16

p16 桜模様 × おひなさま

» 折り方 p42

——— 切り取り線
（網掛け） 切り取り部分
ー・ー・ー・ー 山折り
ーーーーーーー 谷折り

まず、桜の中心の星部分と丸い部分を切り取り、花のまわりを切り落とします。
丸い部分や花びらの曲線ができるだけなめらかになるように、
用紙を回転させながら切りましょう。

p18

水の波紋とかたつむり × あやめ » 折り方 p42

———— 切り取り線
▬ 切り取り部分
ー・ー・ー・ー 山折り
ーーーーーーー 谷折り

水模様の細い線を切り落とさないように注意しましょう。
折り線をつけてから、全体を少しずつ折りたたんで形を作ります。
折り線と折り方のページをよく見て、作成してください。

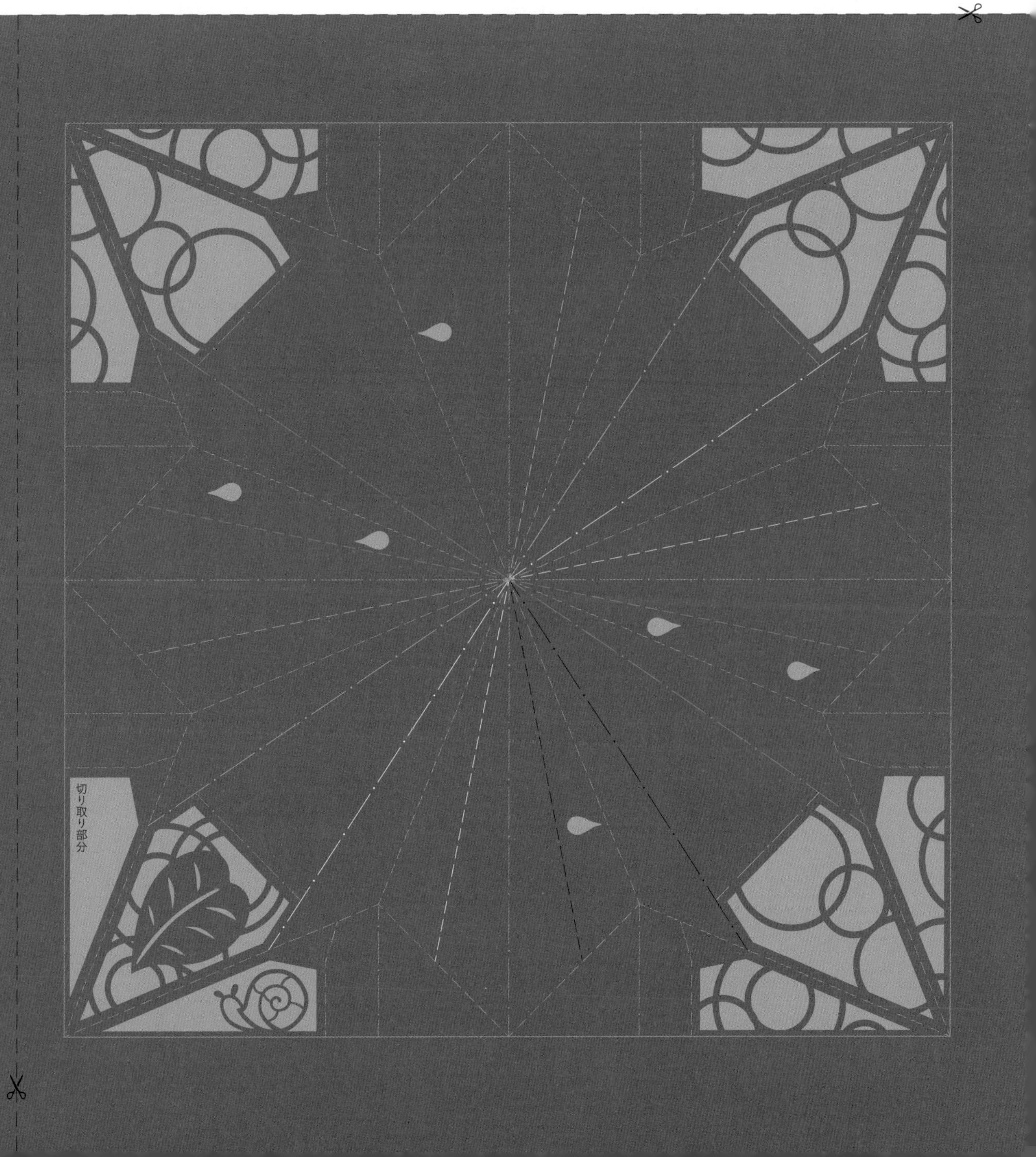

p18

p19 籠目に鉄線模様 × つのこう箱 » 折り方p43

――――― 切り取り線
（灰色の帯） 切り取り部分
ー・ー・ー・ー 山折り
ーーーーーーー 谷折り

籠目の小さい三角形の部分、鉄線の花びらの内側など
細かい部分を先に切ってから、面積の広い部分を切ります。
折り線をつけてから、箱状に折りたたんでいきましょう。

p19

p20 唐草に花模様 × 足つき三方 » 折り方p43

———— 切り取り線
（網かけ） 切り取り部分
ー・ー・ー・ー 山折り
ーーーーーーーー 谷折り

平面のときは別々の唐草模様と花模様ですが、折ることで重なって見えます。
唐草は、用紙を回転させながら曲線をきれいに切りましょう。
側面を折り上げるところをきっちり折ると、美しく仕上がります。
＊裏面にも切り絵の図案があります。

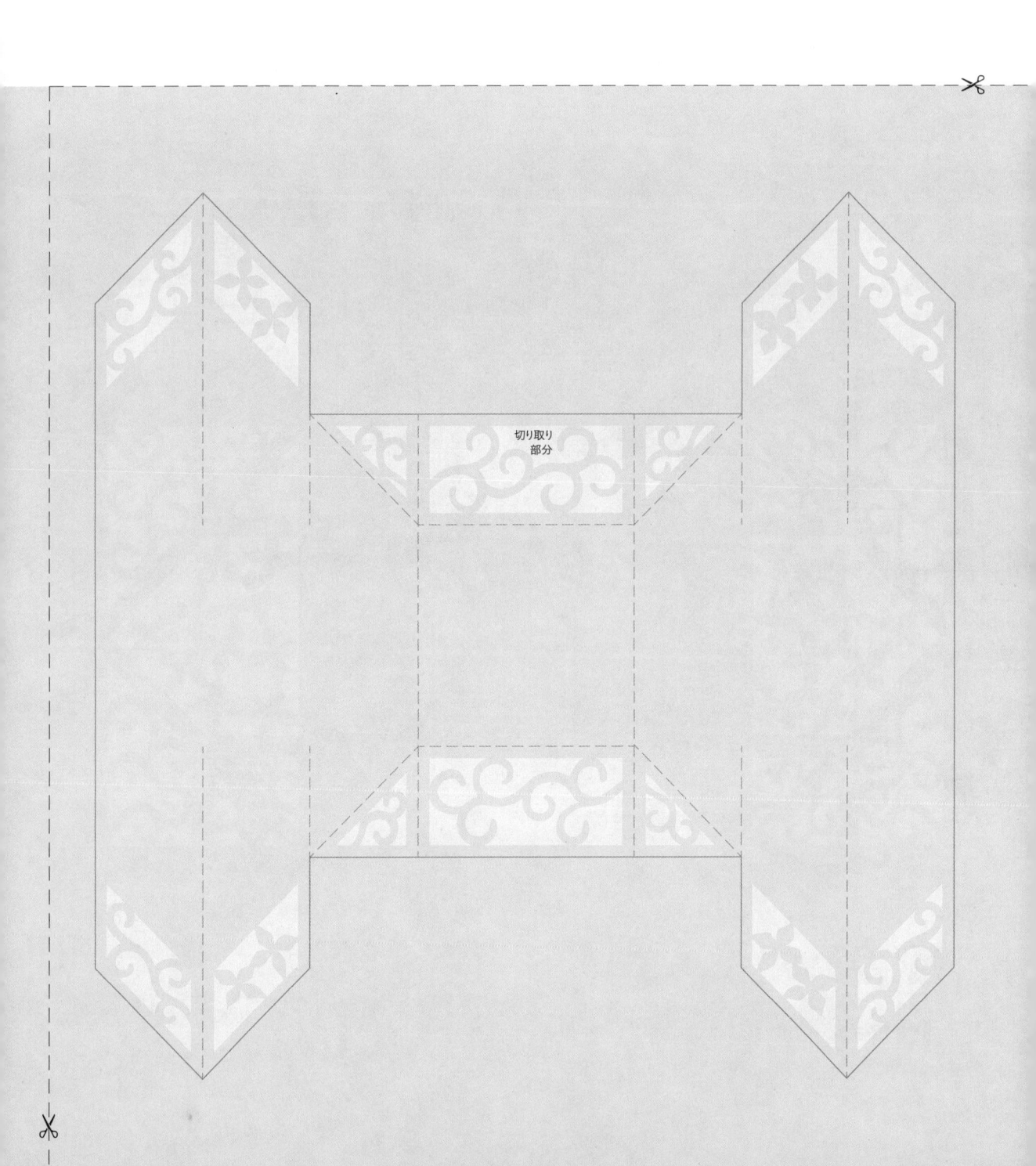

p20

p22 かもめと入道雲模様 × 飛行機 » 折り方 p44

切り取り線
切り取り部分
山折り
谷折り

はじめての方でも作りやすい模様です。かもめの曲線を丁寧に切りましょう。
不思議な形ですが、折りたたんだときに雲とかもめが白くなるように
設計されていますので、輪郭線からずれないように切り取ってください。

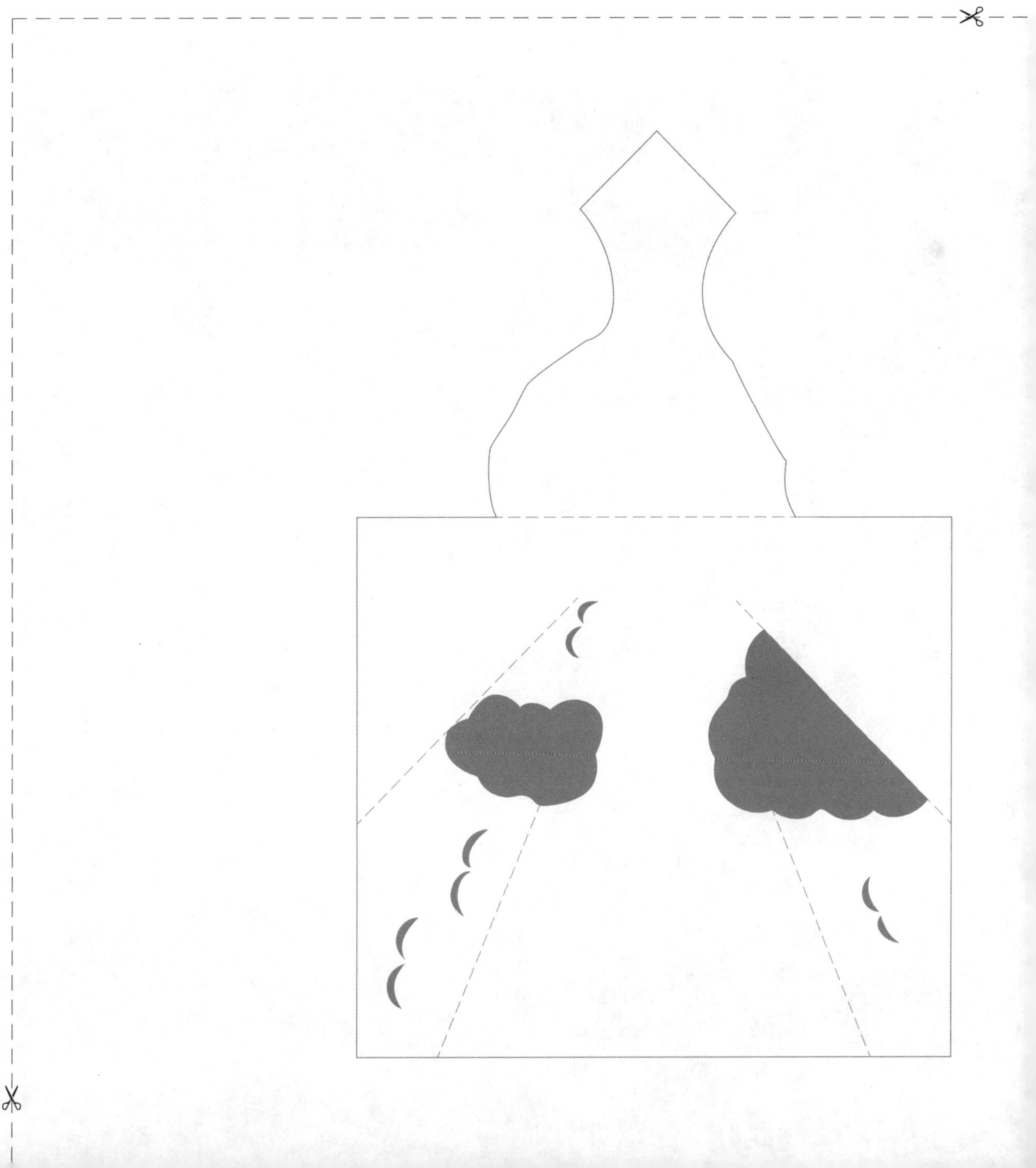

p22

p22 矢羽根模様と鱗紋 × 飛行機

» 折り方 p44 のかもめと入道雲模様を参照

——— 切り取り線
■ 切り取り部分
ー・ー・ー・ー 山折り
ーーーーーーー 谷折り

三角形の鱗模様の中に矢羽根模様がデザインされています。
細かい作業の連続ですが、より細かい部分から切っていきましょう。
折り方は簡単ですが、切り絵をちぎらないよう慎重に作業してください。

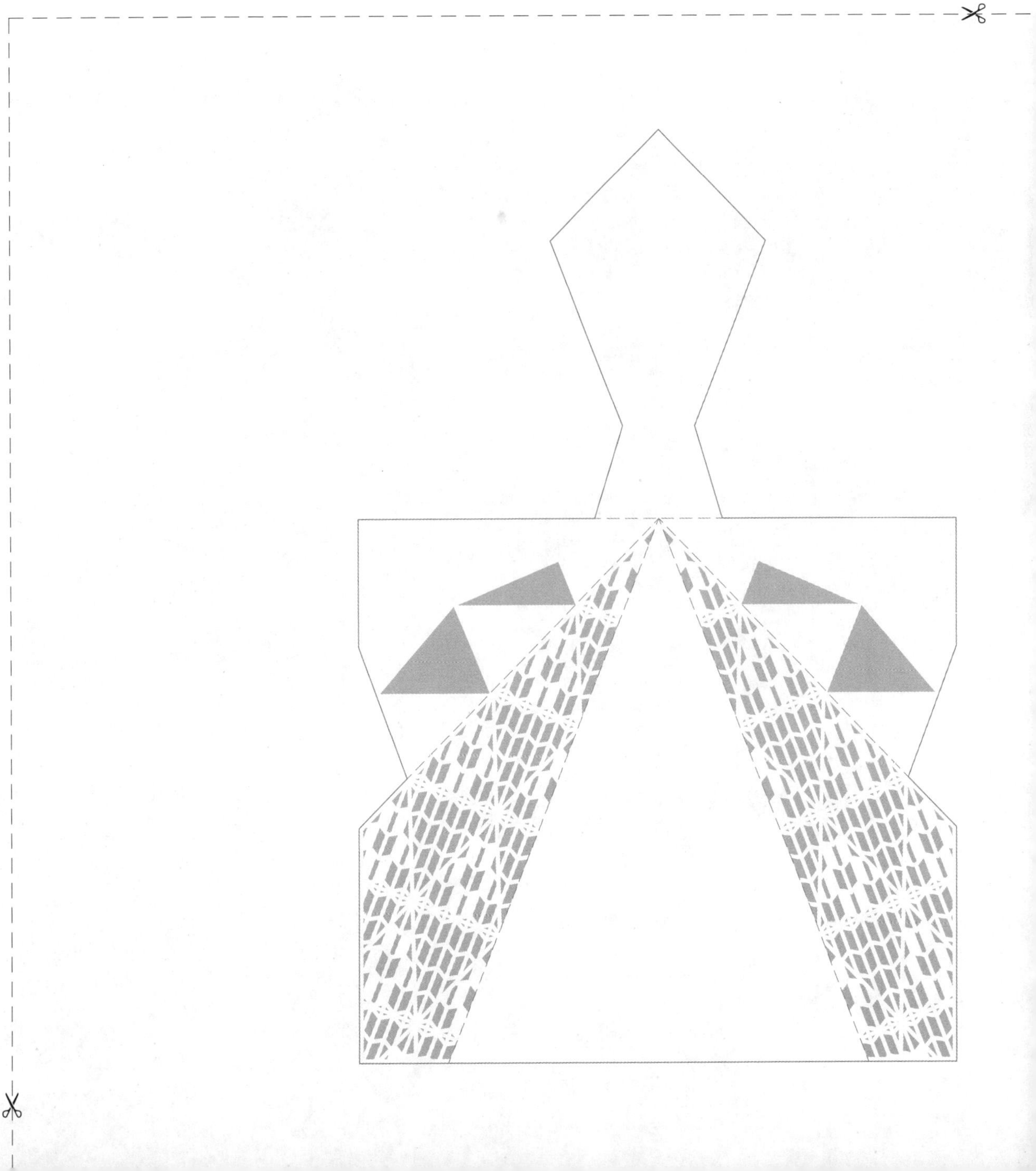

p22

p23 小槌と小判模様 × かめ » 折り方 p44

———— 切り取り線
（網掛け） 切り取り部分
ー・ー・ー・ー 山折り
ーーーーーーー 谷折り

小槌と小判というおめでたい模様。はじめての方でも作りやすい図案ですが
文字と小判の線は細かいので、丁寧に作業しましょう。
折る前に脚の部分の切り込みを忘れずに入れておきましょう。

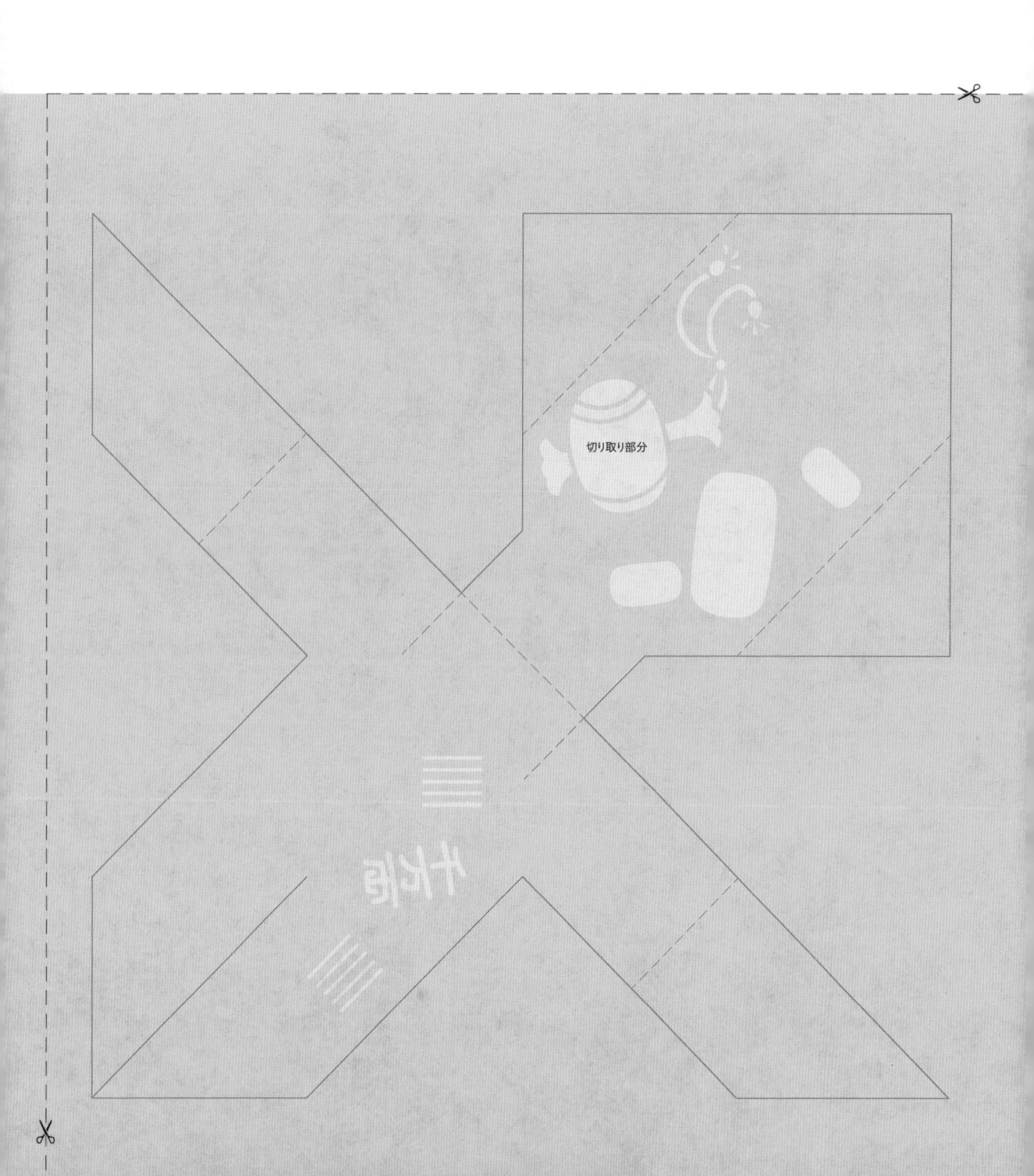

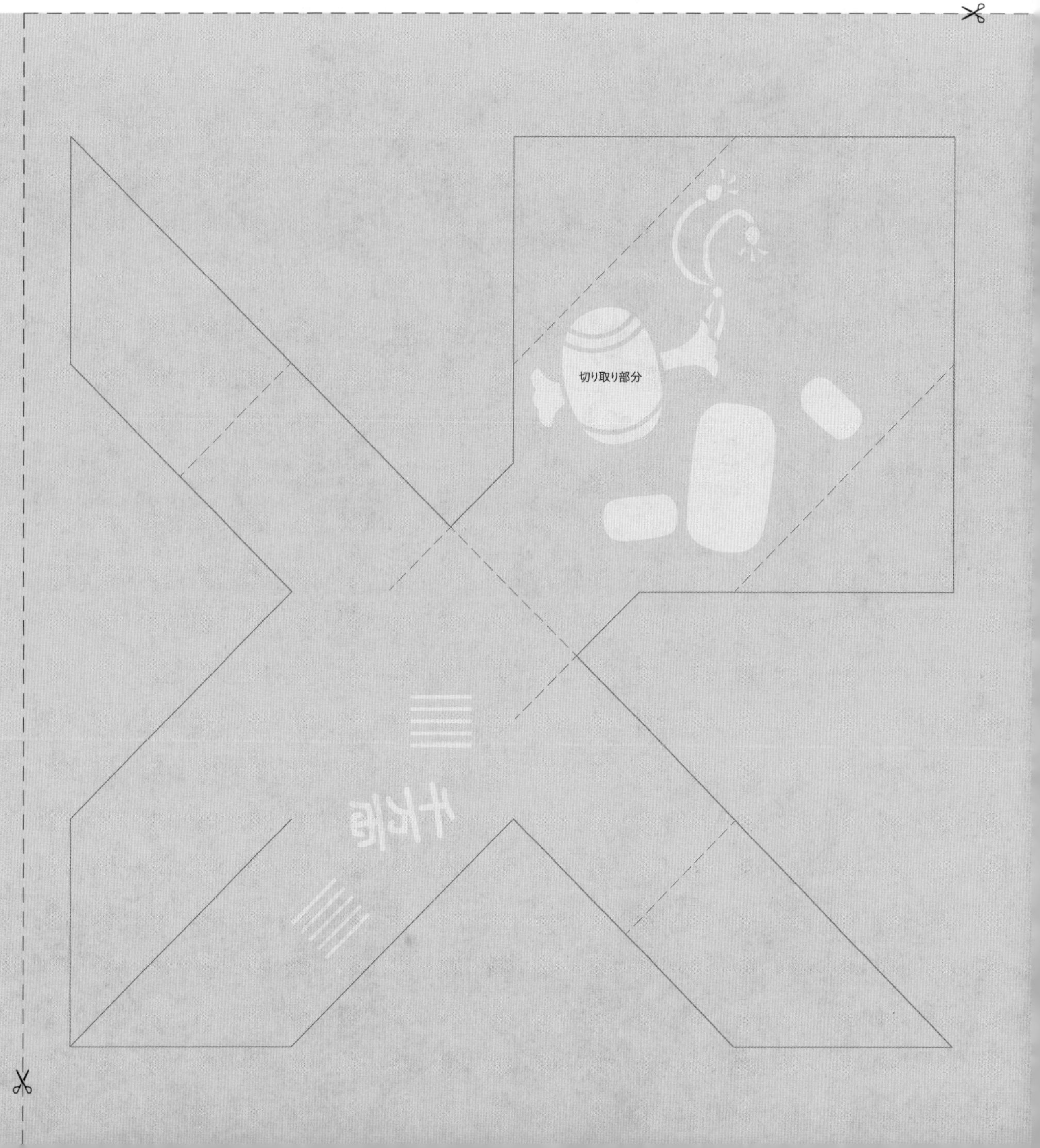

p23

p23

亀甲と青海波模様 × かめ

» 折り方 p44 の小槌と小判模様を参照

——————　切り取り線
　　　　　切り取り部分
ー・ー・ー・ー　山折り
ーーーーーーー　谷折り

甲羅の亀甲模様から青海波がのぞくデザインです。
青海波は細かい作業の連続なので、切り落とさないようにゆっくりと進めましょう。

p23

p24 桜模様 × 風船 » 折り方 p45

———— 切り取り線
切り取り部分
ー・ー・ー・ー 山折り
ーーーーーーー 谷折り

切った部分から風船の内側の赤い色が見えるデザイン。
桜の切り絵はシンプルで難しくありませんが、折り方にコツが必要です。
ふんわりと仕上げられるように、折り方をよく見て作業してください。

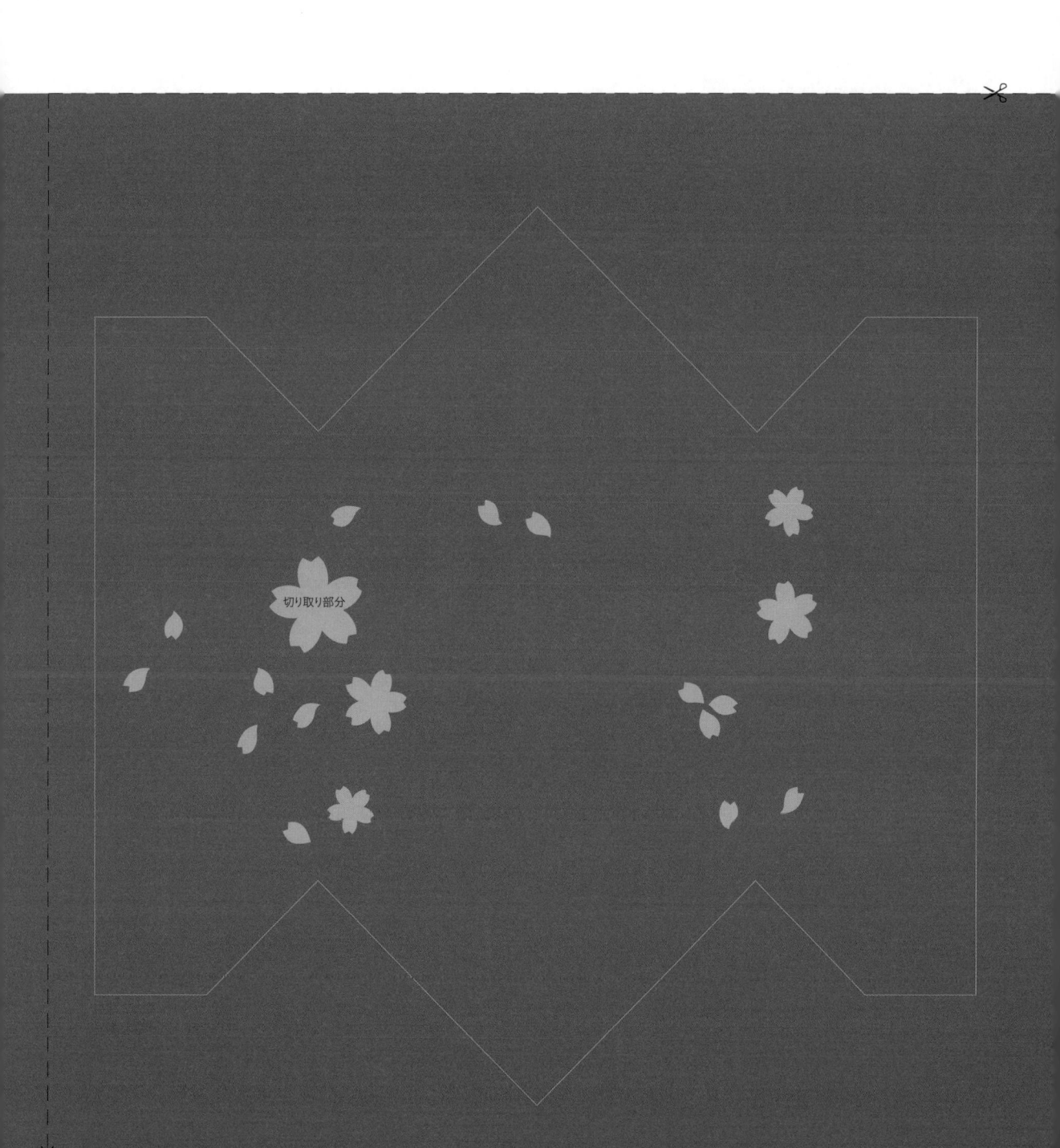

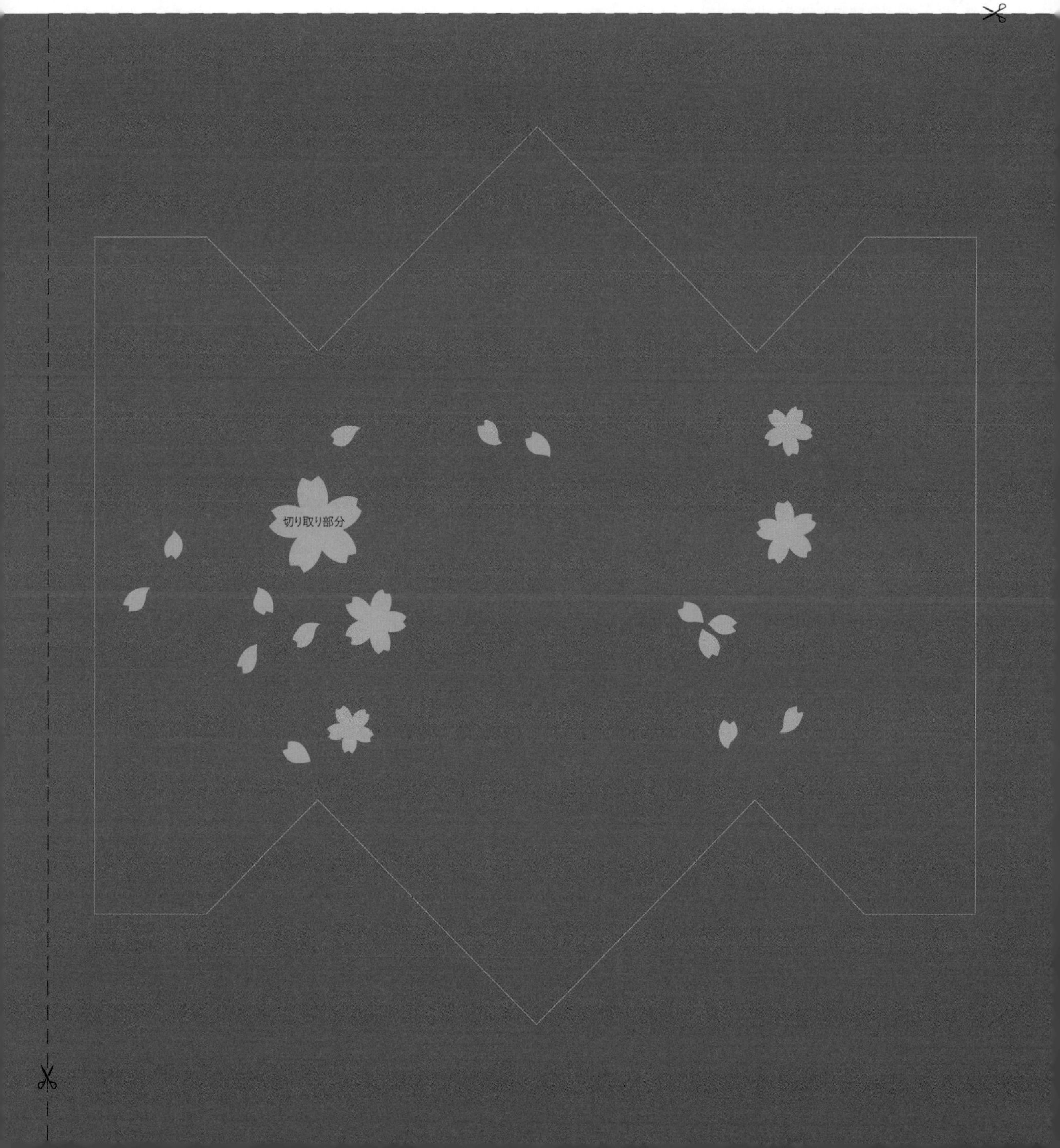

p24

p25

クリスマス模様 × はなもよう

» 折り方 p46

——— 切り取り線
切り取り部分
ー・ー・ー・ー 山折り
ーーーーーーー 谷折り

伝統的な折り紙の形をクリスマスリースに見立てました。
図案ではバラバラに位置して見える切り絵部分も
折りたたむと中心に集まり、可愛らしい姿になります。
＊裏面にも切り絵の図案があります。

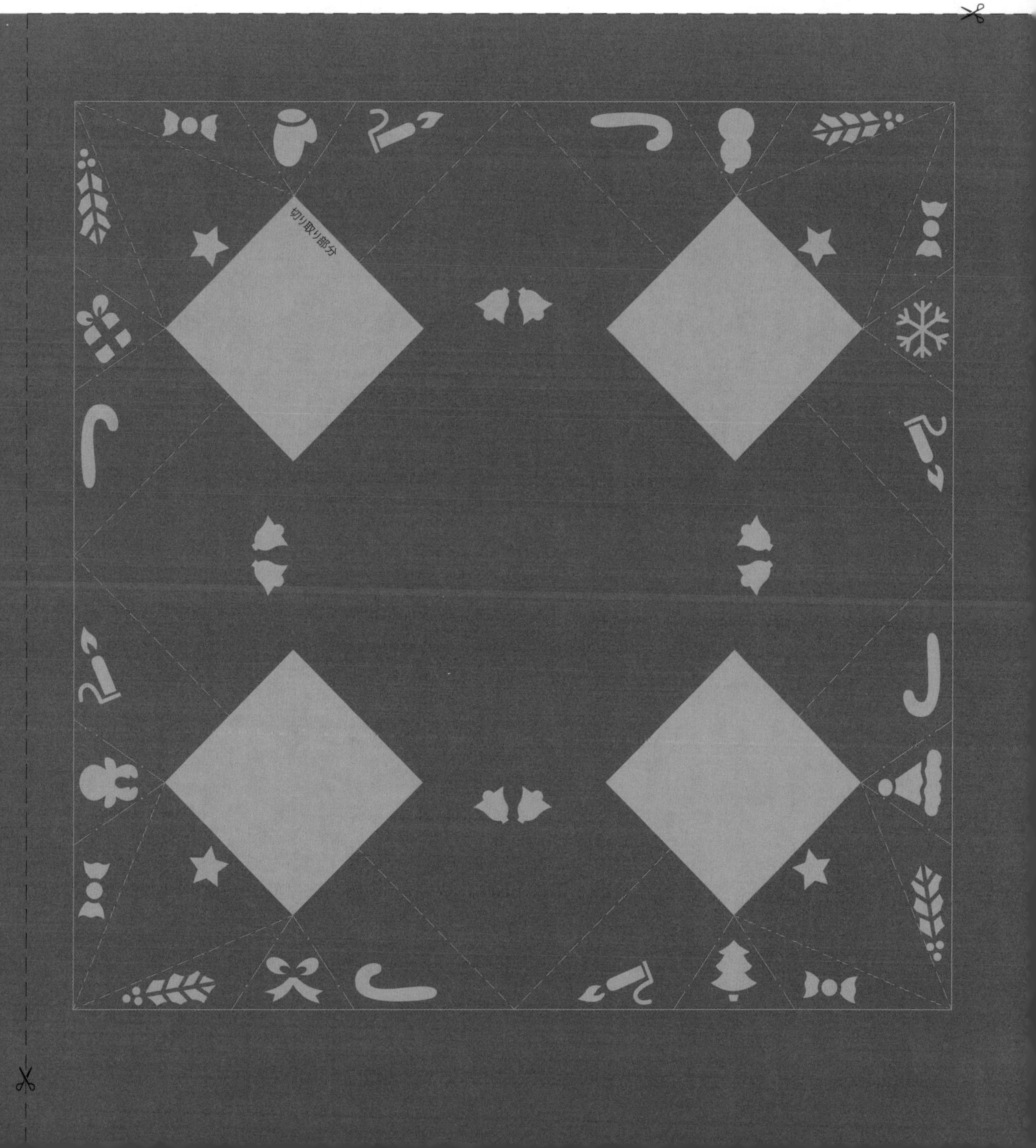

p25

p26

バラ模様 × バラ

» 組み立て方 p37

———— 切り取り線
▬ 切り取り部分
ー・ー・ー・ー 山折り
ーーーーーーー 谷折り

細かい模様ですが、花びらひとつひとつは大きくはないので
同じバラ模様でも鶴より作りやすい作品です。
バラの花びらから切り、蔓とトゲのまわりを切ります。
＊花びらは内側①→外側④の順に茎に通して下さい。

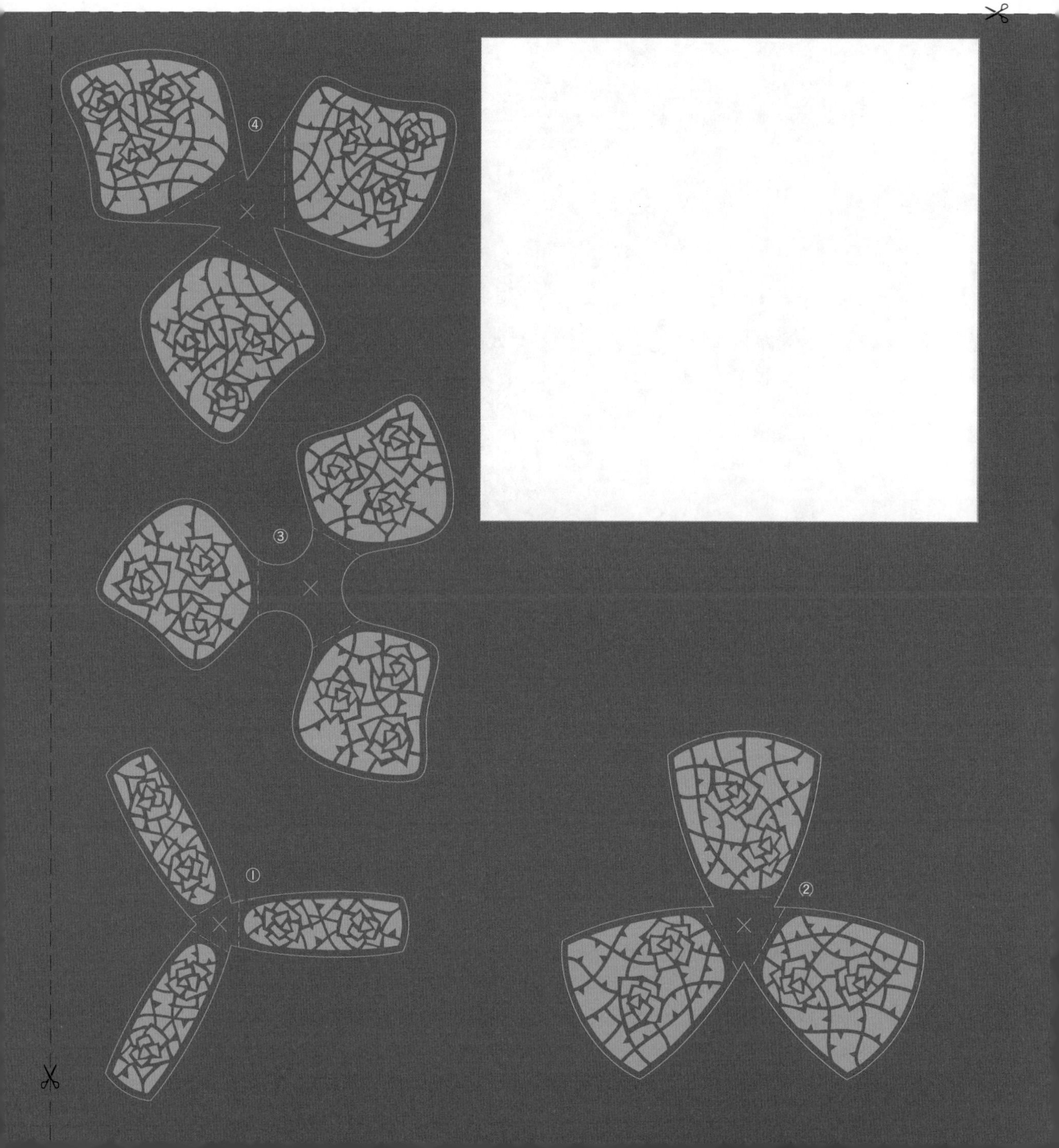

p26

p28

リボン模様 × カーネーション

» 組み立て方 p46

──────── 切り取り線
▇▇▇▇ 切り取り部分
ー・ー・ー・ー 山折り
ーーーーーーー 谷折り

花びらひとつひとつにリボン模様が入ったカーネーションです。
図案自体はシンプルですが、線が細いので
リボンを花びらから切り離してしまわないように注意しましょう。

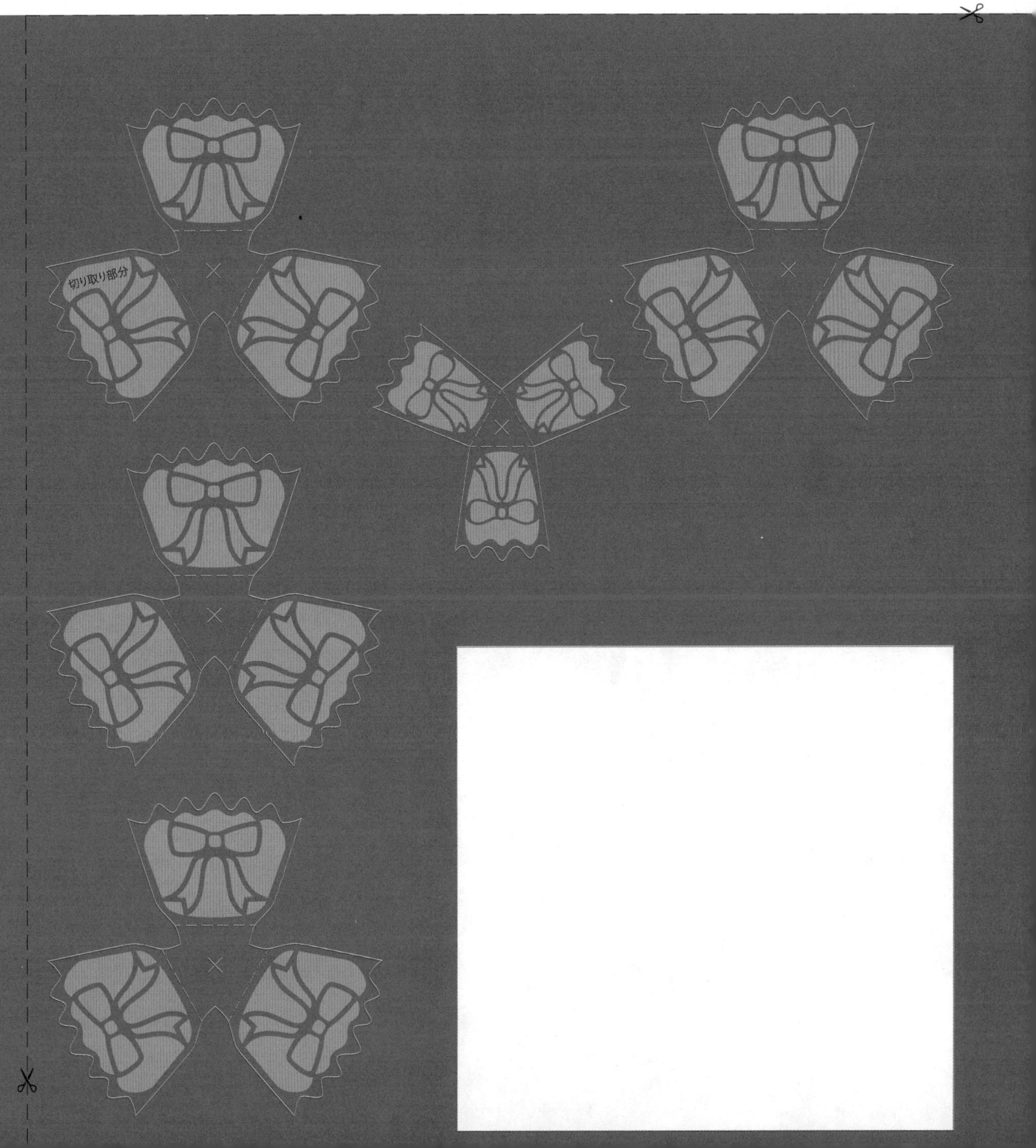

p30

蜘蛛の巣模様 × すずらん

» 組み立て方 p46

——— 切り取り線
▬ 切り取り部分
ー・ー・ー・ー 山折り
ーーーーーーー 谷折り

蜘蛛の巣の横糸は、直線ではなくゆるやかな曲線になっているのがポイント。
それぞれの蜘蛛の巣の中心部分から切りはじめ、外側へと切り進めます。
最後に、すずらんの花びら同士が隣り合っている部分に切り込みを入れます。

p32

レース模様 × ガーベラ

» 組み立て方 p47

――――― 切り取り線
切り取り部分
ー・ー・ー・ー 山折り
ーーーーーーー 谷折り

花びらひとつひとつがレース模様のガーベラです。
全体的に細かい図案ですが、
中でも小さい部分から切っていくようにしましょう。
＊この作品は２点分の図案です。

p32

p33 蝶の羽根模様 × 蓮

» 組み立て方 p47

切り取り線
切り取り部分
山折り
谷折り

図案自体は難しいものではありませんが、
線が細いので切り落とさないように注意してください。
中心の丸い部分ができるだけきれいに重なるようにしましょう。

p33

p33 蝶の羽根模様 × 蓮

» 組み立て方 p47

切り取り線

切り取り部分

山折り

谷折り

p33